El GRAN GIRO

Despertando *al* Florecer *de la* Tierra

Editado por

ADRIÁN VILLASEÑOR GALARZA

ÍNDICE

Agradecimientos xi
Prólogo por Joanna Macy...xiii
Introducción personal xvii
Presentación..xix

PRIMERA PARTE

Tres ríos.. 1
  Enseñanzas ancestrales y espirituales............................ 2
    Sabiduría indígena 2
    Espiritualidad...3
    Religión y misticismo 4
  Ciencia y nuevos paradigmas 6
    Lo diminuto, lo impredecible y lo planetario.....................7
  Dolor por el mundo... 9
    Entumecimiento psíquico 10
    Acompañando el gran dolor 12

Ecología profunda 15
  Introducción personal 15
  Orígenes...17
  ¿*Homo economicus* o *Homo sapiens*?............................18
  En el río existo 19
  Plataforma...21

Ecopsicología 23
  Origen contemporáneo.. 23
  Mente natural 25
  Alma del mundo 27

El Trabajo Que Reconecta.............................. **31**

   Supuestos principales....................... 33

   La espiral del Trabajo 36

   Algunas aplicaciones y comentarios 37

SEGUNDA PARTE

El Gran Giro **43**

   Tres narrativas guía 43

   Profecía de Shambhala....................... 45

Dimensiones del Gran Giro **49**

ACCIONES DE CONTENCIÓN

América Latina: El más peligroso y prometedor escenario de las acciones de contención

   Daniel Abreu Mejía.......................................53

Las redes del Sur: Utopía y empoderamiento en México

   Masasiui Tenorio...61

Sembrar en tierras fértiles: La ecología profunda en Colombia

   Helena Ter Ellen 75

Noviolencia integral y su vigencia en el Área de la Bahía, California

   Francisco "Pancho" Ramos Stierle 83

TRANSFORMANDO LAS BASES DE NUESTRA VIDA

Interdependencia, atención plena y el Trabajo Que Reconecta: El trabajo de Aliados con estudiantes universitarios

   Andrea Ávila Sakar 97

Del ego-machismo hacia la eco-masculinidad

   Oscar Reyes Ruvalcaba y Aranzazú Velasco Lafarga 107

Mujeres en círculo: Reconectando y sanando el cuerpo/ser femenino

    Gisela Valdés Padilla.. 119

La educación superior y el Gran Giro: Una experiencia dentro de la Universidad Veracruzana

    Tania Romo-González, Raquel González-Ochoa y
Carlos Larralde 125

CAMBIO DE COSMOVISIÓN

Ciencia, sabiduría y sanación

    Fernando Ausin Gómez 137

El combustible lo tenemos adentro: La energía sexual y el Gran Giro

    Natalie Zend 147

Temazcal: Vivencias y memorias desde el vientre de la Tierra

    Fernando Cabello Hernández 157

De la energía ecopsíquica y el Gran Giro

    Adrián Villaseñor Galarza 163

Epílogo: Floreciendo juntos... **173**

Acerca de los colaboradores **179**

Referencias **185**

El tiempo ha llegado de bajar nuestras voces, de dejar de imponer nuestros patrones mecanicistas en los procesos biológicos de la tierra, de resistir el impulso a controlar, de ordenar y forzar, de oprimir, y de empezar bastante humildemente a seguir la guía de la comunidad más grande de la que toda vida depende. Nuestra realización no yace en nuestra aislada grandiosidad humana, sino en nuestra intimidad con la comunidad de la tierra, ya que ésta es también la dimensión más grande de nuestro ser. Nuestro destino humano es parte integral del destino de la tierra.

Thomas Berry

A las semillas del Sur, que en la profunda oscuridad del suelo fértil absorben los nutrientes necesarios para resurgir en alianza con la luz solar y el poderoso sustento de la Tierra.

Agradecimientos

Quisiera extender mi profundo agradecimiento a la vida y a sus incesantes invitaciones reconectivas que me guiaron en la realización del presente documento. Es con singular alegría que he acompañado pacientemente su incepción y organizado las diferentes voces que le dan vida. Con especial atención e intención agradezco la existencia de la obra de Joana Macy y su presencia en mi vida y en el mundo. Su ayuda y guía, tanto tangible como sutil, han sido esenciales para la creación de la antología. Admiro a los parteros y parteras del Gran Giro que, más allá de algún interés monetario, contribuyeron su valioso tiempo, dedicación y trabajo para hacer la segunda parte del documento una realidad. Fuente de inspiración constante fueron las personas con las que he tenido la fortuna de compartir y vivenciar la influencia transformativa del Trabajo Que Reconecta. El valor y compasión necesarios para afrontar los retos y regalos de nuestro mundo expresados en las vidas dedicadas al Gran Giro aviva el espíritu de agradecimiento que me lleva a compartir lo expresado en las siguientes paginas. Gracias infinitas a todo aquel que día a día confía en la posibilidad de un mundo mejor para todos los seres.

PRÓLOGO

Algo hermoso está sucediendo en este mundo nuestro del cual nos enteramos muy poco a través de los controlados medios de comunicación corporativos. Este fenómeno es ignorado en gran medida por el gobierno y la industria, y aquellos involucrados en las Cosas de Costumbre. Pero algo enorme está despertando. Ya sea maestros en las favelas, defensores de bosques, agricultores urbanos, diseñadores de molinos de viento, opositores de la milicia (la lista es interminable…). El hecho es que personas de todos los caminos de la vida regresan a ella y se unen, impulsados a crear una sociedad más justa y sustentable.

Estas diversas e innumerables personas, que se calculan en millones, están escuchando el llamado de ampliar sus nociones egóicas para actuar por el bien de la vida en la Tierra. En este momento decisivo, incontables elecciones están siendo hechas, hábitos renunciados, amistades forjadas, y las puertas están siendo abiertas hacia colaboraciones y capacidades imprevistas.

Cuando generaciones futuras miren hacia atrás a este momento histórico verán más claramente que nosotros su cualidad revolucionaria. Puede que ellos le llamen el tiempo del Gran Giro.

Para aquellos de nosotros que vivimos hoy es fácil no darse cuenta de la inmensidad de esta transición—del arraigado sistema militarizado de crecimiento industrial a una cultura que sustenta la vida. La educación convencional y los principales medios de comunicación no proveen las herramientas para comprender tal perspectiva. A pesar de ello, pensadores sociales de largo alcance están reconociendo esta transición como el tercer gran parte aguas en el viaje de la humanidad, comparable en magnitud y alcance a las revoluciones agrícolas e industriales. Esta es la aventura esencial de nuestro tiempo.

Al igual que todas las verdaderas revoluciones, el Gran Giro le pertenece al pueblo. Sus historias inspiradoras no estrenan titanes de la industria o políticos, generales militares o celebridades del medio artístico. El poder de ésta revolución radica en el hecho de que proviene de personas de todas las edades, colores, credos y circunstancias a manera que participan en acciones a favor de la vida misma. Su motivación representa una notable expansión de lealtad más allá de ventajas personales o grupales. Este sentido ampliado de identidad es una capacidad moral asociada con frecuencia a héroes y santos; pero ahora se manifiesta en todas partes en el plano práctico y habitual. Desde niñas restaurando arroyos y limpiando playas, hasta vecinos al interior de la ciudad plantando huertos comunitarios, habitantes de la selva lluviosa compartiendo enseñanzas y bloqueando oleoductos o innumerables acciones climáticas para limitar las emisiones de gases de efecto invernadero—una inimaginable ola de actividad humana está en marcha.

Cada uno de estos compromisos tiene sus propias recompensas, ya sea que su objetivo inicial se logre o no. Incluso cuando el resultado deseado no se logra, los beneficios pueden ser de un valor incalculable en términos de todo lo que se ha aprendido en el proceso—no sólo acerca del tema, pero también del valor y la co-creatividad.

Aún así, es fácil dejar de tomar parte en el Gran Giro. Todos caemos presa del temor de que pudiese ser demasiado tarde, y por tanto, cualquier esfuerzo es esencialmente inútil. Cualquier estrategia que podamos montar pareciera insignificante en comparación a las poderosas fuerzas sistémicas incrustadas en la globalización corporativa. La aceleración del ritmo de destrucción y contaminación pudiese llevarnos más allá de los puntos críticos en donde sistemas ecológicos y sociales se desintegran irreparablemente. Junto con el Gran Giro, la Gran Desintegración también está ocurriendo, y no hay manera de saber como terminará la historia.

Por lo tanto, aprendemos una vez más la más difícil y gratificante de las lecciones: cómo hacer amigos con la incertidumbre. Cómo verter tu pasión en un proyecto cuando no se puede estar seguro de que vaya a funcionar. Cómo liberarse de la necesidad de observar los resultados de tus propias acciones. Estas comprensiones son cruciales, ya que los sistemas vivos se encuentran incesantemente desarrollando nuevos patrones y proliferando nuevas conexiones. No hay ningún punto a partir del cual predecir o siquiera prever las posibilidades que surgirán de los pasos que tomamos ahora. O las consecuencias que se desplegarán al crear y leer este libro.

En celebración de la promesa de este libro, me inclino ante Adrián Villaseñor Galarza por su visión y su cuidado al llevarlo a cabo. Como activista, profesor, sanador y académico pertenece al Gran Giro y vive su vida a su servicio. Durante cerca de siete años me ha acompañado en el Trabajo Que Reconecta y ha llevado este pionero trabajo de grupo a México, California y otros lugares. Que las palabras y testimonios que Adrián ha reunido aquí lleguen más lejos aún, fluyendo en círculos expansivos.

Joanna Macy
Berkeley, California.
Septiembre 2015

INTRODUCCIÓN PERSONAL

Tuve el gusto de conocer a Joanna Macy a inicios del 2009, aunque conocía su trabajo desde aproximadamente el 2004. Estaba enterado del trabajo de Joanna principalmente en relación a la ecología profunda y por su lúcida capacidad de integrar tanto desarrollos de las ciencias sistémicas como de las tradiciones espirituales, en especial del Budismo. Antes de nuestro encuentro en persona había ya experimentado e integrado en cierta medida sus propuestas en mi propio trabajo en ciencia holística y labores ambientales varias. El encuentro fue algo que difícilmente olvidaré.

En el primer día de clase, Joanna compartió con el grupo que su esposo de más de 50 años había fallecido hacía escasos días. Después de unas palabras relacionadas con el curso y ya hacia el final de su introducción se refirió al fallecimiento de Fran, reconocido activista y facilitador, y al gran amor que profesaba por él. Obviamente el dolor de su muerte seguía a flor de piel, sin embargo, Joanna fue capaz de ligar la difícil situación personal por la que pasaba con los desafíos globales que encaramos como humanidad. Lo que me llamó la atención sobremanera fue que, al estarnos narrando la historia, no era claro si estaba a punto de llorar o reír. Recuerdo que durante el receso compartí con algunos amigos que seguía un tanto en shock por las noticias de Joanna y por la temperancia necesaria para estar al frente de un salón de clases y abrir su corazón con los ahí presentes. Percibía de su parte una especial capacidad emotiva de contener y expresar tanto la desgracia como el amor en un mismo aliento. Fue ésa habilidad interna que dejo una huella indeleble en mí, llenándome de curiosidad, asombro y respeto.

Ya durante el curso, Joanna expresó su interés en traducir al Español el manual de su trabajo e investigación, *Coming back to life: Practices to reconnect our selves, our world*. Prácticamente yo era la única persona con el potencial de llevar a cabo la traducción simplemente por el hecho de que el castellano es mi lengua materna. Después de una serie de encuentros, propuestas y correspondencias, Joanna me preguntó si me interesaría realizar la traducción a pesar de no contar con ningún recurso económico para llevar a cabo la labor. Mi respuesta fue un resonante "sí." La idea de trabajar directamente con la abuela planetaria y empaparme de manera más profunda de su trabajo a la par de mis estudios doctorales era como música para mis oídos. Gracias a nuestras conversaciones, la adaptación de la guía ha estado disponible gratis en línea por cinco años.[1]

Al termino de la traducción, el trabajo de Joanna continuó siendo una pieza cardinal en el desarrollo de mi tesis doctoral. La dirección de la investigación se basó en la visión interconectada que promulga la ecopsicología y el Trabajo Que Reconecta de la abuela planetaria en conjunto con la sabiduría redentora de la mítica figura de Patanjali, el Buda Sakyamuni y el trabajo del eco-teólogo estadounidense Thomas Berry. La guía y consejo viviente de Joanna han sido como encontrarse un oasis durante una larga caminata en el desierto. En mi vida he tenido la fortuna de aprender de diferentes guías, maestras y cuerpos de sabiduría, sin embargo, he sentido una resonancia particular con las enseñanzas y forma de vida de Joanna. Su humildad, amplio corazón e incisivo entendimiento de la interdependencia radical de todo fenómeno son un rico manantial del que mi vida personal y profesional se nutre constantemente.

PRESENTACIÓN

Desde la medicina, formas de transporte y comunicación global, hasta los valores y creencias que dan sentido a la vida, la mecanización de la fuerza productiva y su incrementada capacidad de influenciar nuestro entorno han mejorado la forma de vida de billones de habitantes de las sociedades industriales. Sin embargo, tal progreso ha facilitado la ocurrencia de una gran disparidad e injusticia social, un marcado deterioro ambiental y una distorsión en la identidad de nuestra especie que ponen en peligro el bienestar de los soportes naturales de la vida y la viabilidad de futuras generaciones. Un cambio profundo a nivel personal y colectivo es necesario.

¿Será posible sostener un estilo de vida basado en un crecimiento indefinido cuando se vive en un planeta con recursos finitos? ¿Será posible transformar y reverdecer un sistema de valores que pone el humano y sus necesidades por encima de todo?

Joanna Macy, eco-filósofa y académica en Budismo, pensamiento sistémico y ecología profunda se refiere a la transición de una sociedad de crecimiento industrial a una civilización que sustenta y celebra la vida como el "Gran Giro."[1] Mientras que el Gran Giro pudiera vislumbrarse mas allá de nuestro alcance, son quizá las pequeñas y graduales acciones de cada uno de nosotros—sin importar sexo, clase social, color o religión—que mueven a la sociedad en dirección a su reverdecimiento y regeneración. La antropóloga cultural Margaret Mead propone: "nunca dudes que un pequeño grupo de ciudadanos considerados y comprometidos pueden cambiar el mundo. De hecho, es la única cosa que lo ha hecho."[2] Se vuelve entonces necesario avivar la inspiración y unir fuerzas para actuar en beneficio a la Tierra y contrarrestar el paso voraz del proyecto civilizatorio industrial.

¿Cuál es el valor del concepto e historia guía del Gran Giro en el contexto del Hemisferio Sur, tanto geográfico como metafórico, y en específico de Latinoamérica? ¿Qué esfuerzos e iniciativas existen en pos del Gran Giro en el mundo hispanohablante? ¿Cuáles y qué tipo de recursos existen en las comunidades de las Américas para afrontar la crisis multidimensional de nuestros días y contribuir al florecimiento de realidades más justas, sanas y plenas? Éstas son algunas de las interrogantes que dirigen el presente escrito, exploradas por un coro de perspectivas que alumbran el camino hacia una sociedad en sintonía con la vida. De la misma forma, la diversidad de voces plasmadas en las siguientes páginas hacen de la identidad Latinoamericana un constante punto de referencia.

Latinoamérica es un rebosante híbrido de costumbres, culturas y cosmovisiones informadas por un brutal encuentro colonizante y una mega diversidad biológica y cultural fruto de miles de años de evolución. No obstante, la diversidad de Latinoamérica comparte ciertas características centrales que hermanan a sus pobladores en un solo latido. La arraigada influencia de la religión Católica; la gran abundancia de recursos naturales y enorme riqueza cultural a la par de una marcada disparidad social; un énfasis en lo inmediato y un creciente reemplazo de valores tradicionales por los impuestos por el sistema industrial; un profundo anhelo (muchas veces inconsciente) de realzar la sabiduría y raíces de los pueblos originarios; un paradójico sentimiento de haber sido abusados por la influencia colonial a la vez de gozar de algunos beneficios resultantes—son algunas de las realidades que enfrentan los habitantes de América Latina.

De Latinoamérica, y en especifico de los pueblos originarios de Mesoamérica, surge una tradición ancestral conocida como *xochiyáoyotl* o "guerra florida" o "guerra de los corazones floridos." En su expresión postclásica, la guerra de flores consistió en que distintos clanes previamente acordaban enfrentarse con el objetivo de tomar prisioneros del bando opositor para ser posteriormente ofrendados a los dioses. Las matanzas entre enemigos no estaban permitidas. Sin embargo, en el periodo clásico, la batalla de flores era un evento meramente simbólico-ritual. Los guerreros floridos libraban una batalla consigo mismos con el objetivo de hacer florecer su corazón. Las "armas" utilizadas por estos guerreros, la flor y el canto (*in xochitl in cuicatl*), servían de reconexión con la chispa sagrada de la creación encontrada en su interior. Las letras a continuación son un tipo de canto escrito que guía al lector hacia el florecimiento de la mente y corazón al servicio del Gran Giro.

La presente antología está conformada por dos partes principales. La primera presenta de manera accesible el marco teórico que abreva de diferentes áreas de conocimiento y sirve de sustento de la segunda parte, enriquecida por una docena de ensayos. A través del texto se pretende transmitir un balance entre información académica y experiencia personal que haga su lectura tanto entretenida como informativa.

En la primera sección se hace una breve presentación de algunas ideas y desarrollos clave que abren el camino hacia el Gran Giro, principalmente desde una perspectiva ecológico-integral y su influencia en diferentes dimensiones del quehacer humano. Fundamentalmente se hace uso de la corriente filosófica de la ecología profunda, los nuevos paradigmas científicos, enseñanzas religiosas y espirituales, la ecopsicología y la técnica grupal del Trabajo Que Reconecta. De manera extendida, ésta sección ahondaría en los matices sociales de los desafíos ecológicos propios de Latinoamérica, así como en los diferentes movimientos que surgen como respuesta de la imposición del sistema industrial.

La segunda sección está dedicada al florecimiento de una sociedad que sustenta y celebra la vida. En la primera parte se introduce de manera formal el tan necesitado Gran Giro (organizado en tres dimensiones interconectadas) como una historia viable de vida para nuestros tiempos de peligro. Cada dimensión esta representada por cuatro ensayos, los cuales sirven de anclaje y ejemplo de diversos esfuerzos hechos por parteros y parteras del Gran Giro. Las voces que construyen la segunda parte del libro varían en su estilo—desde narrativas personales hasta ensayos de alta calidad académica—y provienen de diversas latitudes geográficas, incluyendo: México, E.U.A., Canadá, Bélgica/Colombia y República Dominicana. Es importante recalcar que las diferentes contribuciones pudieran corresponder a una, dos o tres de las dimensiones del Gran Giro dada su cualidad interdependiente.

La primera dimensión lleva por nombre "acciones de contención." Comúnmente relacionada con el activismo, ésta dimensión funge como protección inmediata de la Tierra y sus ecosistemas, activando los esfuerzos de la sociedad. Las acciones de contención están representadas por la idiosincrasia, diversidad y potencial del contexto Latinoamericano (Abreu), la construcción emergente de redes sociales en México y su consecuente empoderamiento utópico (Tenorio), la implementación del Trabajo Que Reconecta y la regeneración del tejido social en Colombia (Ter Ellen) y la transformación ecológica y social impulsada por la filosofía de no-violencia integral al Norte de California (Ramos Stierle).

En la segunda dimensión, "transformando las bases de nuestra vida," se incluyen iniciativas biorregionales, opciones de energía verde, centros holísticos y de educación permacultural, redes de economía de regalo, etc., que en su conjunto forjan un mejor futuro. Un par de ensayos (Ávila; Romo-González, González-Ochoa y Larralde) abordan de manera directa la incidencia del Gran Giro en instituciones universitarias, en los niveles de aprendizaje y en la calidad de vida de los estudiantes. Dos ensayos más exploran cuestiones fundamentales de género en relación al contexto planetario actual; el primero dirigido a la transformación de la masculinidad (Reyes y Velasco), mientras que el segundo se enfoca en la re-dignificación de la femineidad (Valdés).

La tercera dimensión, el "cambio de cosmovisión," supone una nueva perspectiva de la realidad y el rol humano dentro de ésta a través de un cambio cognitivo, de valores y creencias que asegura la viabilidad del Gran Giro. De la cosmovisión autóctona de los pueblos de las Américas surge el temazcal y su rico simbolismo de reconexión con la madre Tierra (Cabello). La sabiduría indígena y la ciencia sirven de aliados en la sanación personal, social y ambiental que caracteriza el viaje del Gran Giro (Ausin). Los dos ensayos restantes exploran el esencial rol de la energía sexual (Zend) y la energía ecopsíquica (Villaseñor Galarza) para retomar, desde las profundidades, el rol armonioso y regenerativo del humano en la comunidad de la Tierra.

Finalmente, el epílogo se centra en la contundente necesidad de emancipación del Sur, metafórico y literal, el cual representa la voz reprimida tanto del humano como de la comunidad de la Tierra. La antología en su totalidad se propone como un vistazo hacia el diálogo (y consecuente integración) entre el Norte y el Sur, basado en el enriquecimiento y "huarachización del Gran Giro."

PRIMERA PARTE

TRES RÍOS

Existe un dicho de dudoso origen Chino que versa: "que vivas en tiempos interesantes." Seguramente nuestro tiempo cumple al pie de la letra con dicha declaración. Para los que tienen ojos para ver y oídos para escuchar no cabe duda que vivimos un momento histórico lleno de cambio, en el que se hace palmario los retos y regalos que enfrentamos como familia humana. Gran cambio ocurre a un paso acelerado. El clima, costumbres, ecosistemas, patrones de pensamiento y acción parecieran mutar en un abrir y cerrar de ojos. Como humanidad, hemos adquirido la facultad de ser testigos de una variedad de fenómenos interrelacionados que ocurren en unidades de tiempo comprimidas. Es como si el tiempo mismo se acortara.

Para los griegos, el tiempo en el que vivimos está regido por *kairos*, deidad representante de la oportunidad, suerte y momentos favorables. A diferencia de *kronos,* representativo del tiempo secuencial, *kairos* se caracteriza por la imprevisibilidad, la posibilidad y la ocurrencia de eventos de carácter especial. Según los Mayas, vivimos a escasos años de la etapa del no-tiempo en la que la humanidad se ve sumergida en un profundo caos y desequilibrio que dan paso a un renovado entendimiento del funcionamiento de los ciclos cósmicos y planetarios. Ésta etapa asemeja un salón de espejos en el que la humanidad se enfrenta consigo misma y con sus patrones de comportamiento para dar a luz a una nueva era regida por principios de convivencia armónica, paz y conciencia.

La metáfora de los tres ríos ayuda a dar sentido a la aparente compresión del tiempo y a las oportunidades y desafíos que surgen del ritmo acelerado que subyace nuestras vidas. Así, en nuestro tiempo confluyen tres vertientes principales que ayudan a encauzar el viaje planetario de la humanidad hacia la plenitud sanadora del vasto funcionamiento natural de la Tierra y su contexto cósmico: enseñanzas ancestrales y espirituales, nuevos paradigmas científicos y el dolor por el mundo.

ENSEÑANZAS ANCESTRALES Y ESPIRITUALES

Las enseñanzas ancestrales apuntan hacia aquello que vino antes y que, al sentar un precedente, informa las actividades presentes y las posibilidades futuras. De tal manera, ésta primer vertiente está constituida tanto por los distintos cuerpos de conocimiento y buen vivir que emanan de los pueblos originarios de la Tierra como de la gran variedad de tradiciones espirituales y religiosas existentes. Es quizá problemático agrupar la sabiduría indígena con doctrinas predicadas por religiones institucionalizadas, sin embargo, al menos en su seno, éstas últimas también promulgan valores que favorecen una colmada de dignidad, rectitud y amor.

Sabiduría indígena

El resurgimiento del interés en los pueblos originarios está ligado al reconocimiento del vasto, invaluable y ancestral tesoro de sabiduría viva que tales pueblos representan. Mas allá de encarnar costumbres o formas de vida anticuadas y sin sentido, la sabiduría indígena se distingue por un refinado reconocimiento del valor del mundo natural y su influencia en el quehacer humano.

Históricamente, la identidad indígena se encuentra en íntima convivencia con los parajes que la acogen. Es común encontrar un sinnúmero de referencias a los habitantes del mundo natural, su orografía y elementos sobresalientes, como parte central en la vida y organización de los pueblos originarios. De igual manera, el valor del mundo natural ocupa un lugar central en la psique originaria. La montaña, la gran roca, el tipo de suelo o el ecosistema predominante no sólo sirven de referencia espacial y simbólica, sino que forman parte íntegra de la familia. El hecho de elevar la naturaleza a un estatus de "familia" la dignifica, al tiempo que reconoce su rol central en el perenne misterio de la identidad humana. Los orígenes, rol y destino humano se perciben intrínsecamente entretejidos con la sagrada trama de la vida.

Desde esta perspectiva, la identidad indígena encuentra sus raíces en la Tierra y su multidimensionalidad. Es decir, la cosmovisión indígena reconoce el valor del mundo más-que-humano al grado de reconocerlo como igual, e inclusive como un gran maestro poseedor de la sabiduría necesaria para llevar una vida plena y significativa. Ejemplo de ésta guía natural es la es la denominada "Ley de Origen"—base del pensamiento oriundo del continente Americano. La Ley de Origen invita una relación equilibrada y sana con los elementos, la Tierra, los seres humanos y no-humanos con el fin de asegurar la viabilidad y florecimiento de la vida planetaria. El adherirse a la Ley supone el reconocimiento de la sacralidad del mundo, la cual es reverenciada y respetada, ya que es responsable de toda acción conducente al despertar de nuestra genuina humanidad.

Otro ejemplo de la intimidad existente entre la sabiduría ancestral y la Tierra proviene de la noción sudamericana de "pagamento." El indígena, concibiéndose como un miembro más de la familia de la Tierra, es impelido a retribuir los grandes regalos que ha recibido de parte de los elementos naturales y especialmente de la madre Tierra por medio de un agradecimiento ritual. Esta acción implica un profundo reconocimiento de interdependencia con el mundo y busca honrar el equilibrio necesario entre el humano y la naturaleza para que la aventura evolutiva del planeta prospere y florezca.

La cosmovisión indígena y las tradiciones espirituales coinciden en que en el centro de nuestra humanidad yace la sagrada fuente creadora del mundo. Muchos, cansados y decepcionados con los dogmas aberrantes de las religiones organizadas, han volcado su atención a un sistema de creencias y prácticas más flexible y tolerante al que vagamente se le conoce como "espiritualidad."

Espiritualidad

La espiritualidad ha ganado popularidad gracias a su propuesta horizontal, flexible y democrática. Esto quiere decir que para acceder a experiencias trascendentales y de carácter ultimo no es necesario contar con la presencia de un intermediario divino como lo es un miembro del clérigo. El germen sagrado está distribuido a lo largo y ancho de la creación. Los protocolos de diálogo y contacto con lo espiritual tienen un carácter universal, haciendo de la conexión con el Gran Misterio una actividad esencialmente personal. La ausencia de códigos éticos y morales estrictos y de reglas arcaicas con poca incidencia contemporánea, así como la consecuente violencia que resulta de la imposición de creencias religiosas, contribuyen grandemente a la popularidad de la espiritualidad en nuestros días.

Quizá la característica principal de la espiritualidad descansa en la relevancia otorgada a la experiencia directa. La base de la espiritualidad está conformada por una serie de tecnologías de comunión con lo sagrado que contribuyen a reempoderar al individuo y despertar a la fuente de conocimiento y compasión que yace en su interior. La fe sin un sustento enraizado en la experiencia directa es relegada a un segundo plano. Es pues de gran importancia ejercitar el derecho humano de explorar y amigar las capacidades innatas de auto-indagación que invitan una mirada profunda y esclarecedora a los hábitos y patrones que rigen la vida cotidiana. La espiritualidad recobra y celebra un sentido de lo sagrado en lo que en otrora se consideraría mundano: el cuerpo, la naturaleza, lo femenino, etc.

La democratización del acceso al espíritu toma lugar al ir más allá de ritos y funciones guiadas por intermediarios. La espiritualidad es un proceso que idealmente transforma a sus partidarios en conductos de las realidades inefables de la creación, cuestionando constantemente los dogmáticos cimientos materialistas en los que descansan las sociedades industrializadas. Esto hace de la conexión directa con el espíritu un acto a la vez subversivo y natural. La gran variedad de tecnologías sagradas disponibles en nuestros días como la meditación, ayuno, técnicas somáticas y de respiración, conexión con la naturaleza y más, sirven como catalizadores de cambio y expansión de la identidad restringida de todos los días. Éstas y otras tecnologías contribuyen a una vivencia directa, (idealmente) madura y, con el tiempo y práctica, más tolerante de lo sagrado.

La espiritualidad es considerada como un aspecto del amplio movimiento de la Nueva Era (New Age). Algunas de las características esenciales de la Nueva Era son: una visión holística del cosmos, métodos alternativos de curación, la creencia en el advenimiento de una nueva era de luz y bienestar y la integración de nuevos paradigmas de la ciencia.[1] La espiritualidad es un fenómeno ecléctico que adopta elementos de diversas tradiciones del mundo, adaptándolas al contexto y necesidades de las sociedades industriales. Tal adaptación trae consigo una reinante relatividad y común falta de sustento en algunos círculos espirituales y de la Nueva Era. La espiritualidad constituye un impulso para contrarrestar la híper-racionalización de la vida característica de los ámbitos modernos, a la vez que deja entrever la gran necesidad de ejercitar un continuo discernimiento en nuestra relación con lo sagrado.

Religión y misticismo

Dentro de las religiones organizadas siempre han existido vertientes de carácter místico que celebran la comunión directa con el Gran Misterio y reconocen la naturaleza sagrada del humano. De similar manera que las propuestas espirituales de nuestro tiempo, las vertientes místicas dentro de la religión constituyen un conducto directo de reconexión con el Absoluto a la vez que honran la interconexión de lo espiritual, ecológico y social. El carácter cuasi-secreto o interno del misticismo se debe en gran medida a la centralidad de la experiencia revelatoria que permite la reconciliación entre lo humano y lo divino. Idealmente, de ésta reconciliación surge un sentido de confraternidad y compasión con el mundo.

En la tradiciones Judeocristianas encontramos una variedad de propuestas que celebran la sacralidad de la vida. La espiritualidad de la creación considera el cosmos entero como el cuerpo del cristo cósmico; la nueva cosmología arroja luz al viaje evolutivo del universo y la unidad de todos los seres; la teología de la liberación reconoce la inseparabilidad de la justicia social, la viabilidad ambiental y la práctica espiritual. La reciente Encíclica Papal *Laudato Sí* o "Alabado Seas" es un llamado a la acción a favor del planeta y a los desfavorecidos a través del reverdecimiento de la fe y el compromiso moral que emerge de la exaltación del espíritu humano. El movimiento de renovación Judía resalta la importancia de la equidad social, basada en una ética de cuidado y amor.

Del Islam proviene el resurgimiento del Sufismo que pone en evidencia la importancia de la devoción como puente que entrelaza la belleza del mundo y lo sagrado. El Taoísmo invita a armonizar la actividad humana con el devenir cósmico y natural mediante el reconocimiento de la unidad que subyace la aparente dualidad, mientras que en el Hinduismo encontramos la doctrina de no-violencia y un refinado reconocimiento de la intimidad existente entre el cuerpo-mente y el cosmos. El Budismo, por su parte, contribuye de gran manera al despertar a la interdependencia de todo fenómeno a través del desarrollo de la atención y el manejo de las emociones.

A pesar de la violencia sistemáticamente perpetrada en nombre de "Dios," existe un tremendo potencial transformativo en las religiones y en especial por medio de sus corrientes místicas. De 6.9 mil millones de habitantes del planeta en el 2010, 5.8 mil millones expresaron su afiliación a algún grupo religioso, representando el 84% de la población global.[2] En base a éstas estimaciones es necesario que tanto líderes religiosos como la sociedad en general atendamos las verdades cardinales que palpitan en el corazón de las tradiciones religiosas para embellecer y realzar nuestro viaje evolutivo en la Tierra.

CIENCIA Y NUEVOS PARADIGMAS

Desde el siglo pasado, distintos desarrollos científicos evidenciaron una serie de falacias primordiales en las que se basa el funcionamiento de las sociedades industrializadas. Los viejos supuestos, pautas y valores que conforman el paradigma científico[3] dominante se muestran—en distintas instancias—insuficientes, inadecuados e incluso dañinos para la especie humana y el planeta. Este paradigma tiene su base en una visión mecanicista en la que el funcionamiento de la naturaleza es dictado por leyes inmutables entendidas en términos de causa-efecto. De ésta manera es posible predecir y controlar nuestro entorno, ya que el universo entero semeja una gigantesca máquina.

Tales suposiciones mecánicas han acarreado un enorme beneficio a las sociedades consideradas como "desarrolladas" a costa del yugo y sufrimiento de las comunidades y ecosistemas del Hemisferio Sur. Ideas rectoras como la riqueza, desarrollo, salud, orden, educación, costumbres y valores están informadas por el sistema operativo industrial que declara una guerra sin tregua ante la naturaleza y que sirve de herramienta para la creciente injusticia social de nuestros días. Afortunadamente, la propia ciencia ha revelado saberes antiguos y a la vez novedosos que desafían añejos supuestos mecanicistas.

Los denominados "nuevos paradigmas de la ciencia" nos informan que el conocimiento derivado del quehacer científico no constituye un dogma inmutable, sino que su gran valor es aplicable sólo en algunos aspectos de la realidad. A grandes rasgos, el accionar natural es infinitamente más complejo, asombroso y lleno de sentido. Más y más se descubre que la naturaleza actúa de manera impredecible y creativa. Por ejemplo, la inserción de un gen foráneo a una especie de jitomate acarrea consecuencias previamente inadvertidas a nivel ecosistémico manifestadas en una serie de cambios etiológicos en las comunidades bióticas circundantes, en modificaciones en los flujos de materia y energía a nivel ambiental y en la capacidad adaptativa y calidad nutrimental de la fruta (sí, el jitomate es una fruta). La planta de jitomate no es una máquina aunque se le trate como tal en su producción a gran escala. Es en esa pequeña gran diferencia entre el fluir de la vida y su mecanización que los nuevos paradigmas hacen su aparición.

Se han desarrollado una cantidad de teorías y modelos que intentan servir de fiel soporte a los nuevos avances y descubrimientos. No obstante, el pensamiento sistémico se encuentra en la base de los nuevos paradigmas debido a la ampliación de su objeto de estudio de entidades discretas a interacciones relacionales. El texto y el subtexto, organismo y ambiente, contenido y contexto, partícula y onda—ambos integrantes de la aparente danza dual son imprescindibles en la aventura del conocimiento. La particularidad de un robusto pino o un tenaz pájaro carpintero depende de la cualidad de los flujos de materia e información provenientes del ambiente. La totalidad del árbol y el pájaro depende de su integridad relacional; la singularidad de un organismo se da en función a la interacción entre sus partes y de la relación entre su totalidad y el entorno.

El cambio de las partes al todo, de los objetos a relaciones, de la estructura al patrón y del contenido a la pauta, base de la propuesta de los nuevos paradigmas, se hace evidente en tres teorías presentadas brevemente a continuación.

Lo diminuto, lo impredecible y lo planetario

La mecánica cuántica, proveniente de la física, la ciencia "dura," pone de manifiesto la dual naturaleza de las partículas que en otrora se consideraban como los bloques irreducibles e independientes de la realidad. Las partículas actúan a su vez como ondas regidas por principios de interconexión, coordinación y flujo. A una escala atómica y subatómica, la aparente solidez del mundo se derrumba y da paso a un mar de ondas y paquetes de luz en perenne movimiento e interrelación que fluctúa entre expresiones condensadas y difuminadas. La naturaleza dual partícula/onda está directamente influenciada por la medición u observación del comportamiento subatómico.

La incertidumbre e imprevisibilidad en el comportamiento de las partículas/ ondas es grandemente elevada gracias a que en el reino de lo diminuto, todo se encuentra vinculado, incluido aquel que observa.

Las ciencias de la complejidad proponen que la naturaleza está caracterizada por propiedades emergentes o fenómenos impredecibles en base al estudio de sus componentes. La complejidad (no confundirse con complicación) hace alusión a las interacciones no-lineales que componen los sistemas bajo estudio, ya sea seres vivos, ecosistemas, el mercado de la bolsa, ciudades, empresas o modelos computacionales. Las relaciones no-lineales de un sistema se manifiestan en una asombrosa capacidad de adaptación a circunstancias cambiantes. Esto es, la evolución de un sistema dado (Ej. Una ballena gris) ocurre a través de una constante reorganización interna influenciada por los flujos de materia y energía provenientes del entorno. Los sistemas complejos gozan de una creatividad inherente informada por experiencias previas que mejoran sus posibilidades de sobrevivencia.

La teoría del caos, ligada al enfoque complejo, demuestra la imposibilidad de predecir con exactitud el comportamiento de la naturaleza. Diminutas variantes en los cálculos predictivos tienden a resultar en escenarios completamente diferentes. De ahí el conocido "efecto mariposa:" el aleteo de una mariposa en Brasil es capaz de causar un tornado en Texas. La gran sensibilidad de un sistema a las condiciones iniciales y los efectos que tal variación conlleva nos enseñan que hay que esperar lo inesperado. El caos pone en evidencia la relevancia del desorden en el aparente orden de la vida diaria, insinuando las serias limitaciones que sufre la constante compulsión humana de control y manipulación.

Por último, la teoría Gaia contribuye a un mejor entendimiento de la danza entre la vida y su ambiente planetario. En nombre de Gaia, la diosa griega de la Tierra, la teoría propone que el funcionar planetario se asemeja al de un ser vivo. La Tierra muestra una refinada capacidad de auto-mantenimiento de las condiciones necesarias para el florecimiento de la vida a pesar de influencias externas cambiantes como el aumento en la incidencia de la luminosidad solar. Esto implica que los organismos no sólo se adaptan a un ambiente pasivo, sino que también lo influencian activamente. Más aún, vida y ambiente se entrelazan de manera simbiótica en un solo viaje evolutivo planetario. Otros procesos auto-regulantes como la manutención de los niveles de oxígeno y dióxido de carbono atmosférico, el pH oceánico, el ciclaje de elementos a través de los ecosistemas, el movimiento de las placas tectónicas y la presencia de agua en el planeta han contribuido en el reconocimiento de nuestra casa como ser vivo. La teoría Gaia pone de manifiesto la importancia de la cooperación e interdependencia en la vida de todos.

La teoría cuántica, las ciencias de la complejidad y el caos y la teoría Gaia hacen las veces de bandera de los avances del conocimiento humano en las últimas décadas. De acuerdo al incisivo pensador integral Ervin Laszlo, algunos de los principales descubrimientos de los nuevos paradigmas son: la estructura coherente y naturaleza evolutiva del cosmos, el entrelazamiento cuántico, la coherencia y correlación organísmica y la conectividad en espacio y tiempo de la mente humana.[4] A diferencia del paradigma reduccionista-mecanicista antes mencionado que extirpa todo significado y valor del mundo natural, rompiendo la continuidad entre lo humano y lo natural, los nuevos paradigmas facilitan una profunda revalorización del significado y funcionamiento de la realidad.

Los nuevos paradigmas de la ciencia son en ocasiones presentados bajo el rubro de "paradigma holístico o ecológico," dada la unicidad, creatividad y multidimensionalidad presente en el cosmos. Esto nos deja con el desafío de recobrar lo que fue sistemáticamente reprimido y abusado por la cosmovisión mecánica en nombre del progreso, a la vez que restablecemos lazos estrechos con nuestros acompañantes planetarios basados en valores como la humildad, reciprocidad y el respeto. Vivimos en un interesante momento histórico en el que los avances de la ciencia se asemejan más y más a la milenaria sabiduría indígena y a las enseñanzas de visionarios, profetas y practicantes espirituales.

DOLOR POR EL MUNDO

El reconocimiento del sufrimiento a nivel personal, en nuestros congéneres y en los ecosistemas que nos acogen es tan viejo como la humanidad misma. De hecho, la respuesta instintiva de huida, parálisis o ataque ante el peligro se extiende cientos de miles de años atrás a nuestros ancestros animales y las estrategias de sobrevivencia de diferentes formas de vida. En nuestros días, las respuestas naturales ante el dolor y el sufrimiento son explotadas en pos del funcionamiento de las sociedades industrializadas.

La esencialidad del dolor es innegable, tanto a nivel físico como psicológico. Es tal la naturalidad del dolor que las respuestas asociadas son utilizadas como el blanco de estrategias de mercadeo y presentadas como debilidades o carencias para posteriormente ofrecer la solución adecuada o el mágico medicamento que restablecerá la "normalidad." Invariablemente, el antídoto requiere el consumo de productos. Esto asegura la supervivencia del modelo industrial e hincha los bolsillos de aquellos en posiciones de poder. Es claro que existe un mecanismo que mantiene el presente yugo sobre la ecología de la Tierra y perpetúa dinámicas opresivas al trivializar el dolor relacionado con la devastación reinante.

Entumecimiento psíquico

La sociedad de crecimiento industrial (SCI) se refiere al modelo de crecimiento exponencial en el que nuestras sociedades, economías y políticas se basan. En contraste, para el habitante en vías de florecimiento, es clara y evidente la imposibilidad de mantener la mordida voraz de la industrialización en un planeta con recursos finitos. Al vislumbrar la imposibilidad de la SCI, es común que nos embriague una mezcla de sentimientos; desde odio y resentimiento hasta culpa, tristeza y compasión. Es aún más común que la magnitud de los problemas nos lleve a la parálisis, represión o completa negación.

Por primera vez observado en sobrevivientes de la guerra de Vietnam, el psiquiatra Bruce Lipton dio el nombre de "entumecimiento psíquico" a la carencia de sensibilidad causada por la experiencia traumática de la guerra.[5] Para los soldados activos era necesaria la activación de un mecanismo psicológico disociativo con el fin de afrontar las incontables tragedias de la guerra. El entumecimiento psíquico—la compartamentalización y posterior negación de la experiencia traumática de vida—era la única manera viable para sobrellevar las dolorosas emociones experimentadas. Sin embargo, la disociación psicológica y emocional ocurre a un gran precio: la pérdida de un amplio y abarcante rango de experiencia y sensación.

La noción de entumecimiento psíquico ha sido expandida y aplicada a la multidimensionalidad de la crisis ecológica. De acuerdo a Joanna Macy y Molly Brown, el entumecimiento de la mente y el corazón es un sedativo psicológico y social, una estrategia que entorpece la visión y resulta en la denigración del planeta y una aparente falta de comportamiento empático.[6] La sociedades de crecimiento industrial fomentan el entumecimiento de la población ya que es la única manera en la que su insaciable paso destructivo puede ser sostenido. Al instigar una disociación colectiva, la población pierde acceso a gran parte de su poder, siendo forzada a reprimir su voz y condenada a una respuesta apática en relación a su propio bienestar, el de la sociedad y el del planeta entero.

El resultado emotivo del entumecimiento psíquico ligado a la situación actual del mundo es lo que se denomina "dolor por el mundo." Es importante recalcar que cualquier persona, desde un político o un banquero hasta un activista, ama de casa o tendero, llevan dentro de sí el llanto de la Tierra. El dolor por el mundo tiene un carácter universal. La diferencia estriba en el grado de entumecimiento con el que se afronta o reprime la gravedad de la realidad. De hecho, existe una correlación indirecta entre el grado de dolor por el mundo sentido y la cantidad y grosor de las barreras erigidas a nivel psicológico.

Esta gran pena de proporciones planetarias es la fuente de un sinnúmero de mecanismos de defensa que activamente moldean la personalidad humana. En base a estudios relacionados con el calentamiento global, se han propuesto cinco defensas o barreras principales que mantienen el dolor por el mundo por debajo de la mente consciente:

1) **Distancia.** Las problemáticas son generalmente concebidas como algo que no atañe nuestra experiencia diaria.

2) **Fatalidad.** Los escenarios apocalípticos presentados causan un común bloqueo y desinterés.

3) **Disonancia**. La información a la que se hace frente entra en conflicto con mis hábitos y creencias.

4) **Negación.** El bloqueo de las dolorosas realidades sirve de auto-defensa y refugio.

5) **Identidad**. La información pasa a través de una serie de filtros que construyen y mantienen nuestro sentido de ser.[7]

Las cinco defensas nos ayudan a reflexionar en la complejidad de la mente humana entretejida con las realidades contemporáneas. Las defensas también nos instigan a considerar una perspectiva más amplia en el estudio de los factores psicológicos y emocionales que esculpen nuestra personalidad.

En otrora, el dolor sentido por nuestros ancestros estaba más o menos delimitado tanto a nivel geográfico como a nivel temporal. Esto quiere decir que las preocupaciones y penas estaban circunscritas a la comunidad y sus generaciones futuras—habitantes de una bio-región específica. En cambio, ahora el panorama del dolor circunscribe al planeta entero. Históricamente sin precedente, los peligros ecológicos, sociales, económicos y de valores competen a la población de la Tierra en su totalidad. El proceso de planetización de la comunidad humana es en gran parte responsable de la universalidad del dolor por el mundo.

Acompañando el gran dolor

El dolor por el mundo se expresa superficialmente como apatía. Del griego *apatheia*, la palabra significa literalmente "sin sufrimiento." Es interesante el análisis de la apatía ya que nos permite penetrar las cámaras internas de la inacción de las masas para contemplar las verdaderas causas de la indiferencia y actuar en consecuencia. Las devastadoras pérdidas a las que hacemos frente como la gran extinción de especies, el tremendo cambio ecosistémico que ocurre ante nuestros ojos, la erosión de saberes culturales o la deshonesta injusticia social en manos de nuestros gobiernos van mas allá de lo que nuestra mente es aparentemente capaz de soportar. La apatía, entendida de manera simple, es la negación a sentir el dolor por el mundo.

Es ineludible evitar el sufrimiento cuando se vive una vida en pos del despertar. No obstante, se nos hace creer que la formula del buen vivir radica en la sobrevivencia del más apto, la cual involucra usar a los demás como escalera que me lleva a la cúspide del éxito. La apatía e indiferencia son necesarias para pasar por encima de los demás, así como el condicionamiento cultural cultural basado en el miedo al dolor y a la vulnerabilidad que amplifica la prevalente desconfianza en nuestros propios recursos.

El dolor se vuelve patología al creerme un ente aislado con el objetivo de ir más allá de mis congéneres para ser "alguien." Al abrirme, de manera segura y llena de valentía, a los sentimientos oscuros que cargo conmigo marca un monumental paso hacia la sanación personal y del mundo. Para ello es imperativo librar al dolor y sufrimiento de entendimientos retorcidos y reclamarlos como parte fundamental de nuestra humanidad, tal como el aire que respiramos, las palabras que compartimos o las tranquilas nubes que surcan los cielos.

Es posible trascender las diversas tácticas distractoras de la sociedad de crecimiento industrial al ejercitar, una y otra vez, el inigualable regalo de la atención. La mente en su incansable movimiento de un evento a otro es llevada aún más adentro de los parajes del olvido y anestesia por el bombardeo de los medios de comunicación masiva y la miríada de aparatos digitales disponibles. Una de las medicinas más poderosas ante la domesticación de la atención y el entumecimiento de la mente y el corazón es la de cultivar una disposición interna de ecuanimidad y un fiel acompañamiento compasivo de los vaivenes de la mente-cuerpo-planeta. Visto de esta manera, el dolor por el mundo es una respuesta natural basada en la interconexión de toda vida.

ECOLOGÍA PROFUNDA

INTRODUCCIÓN PERSONAL

Siempre me he sentido atraído por las profundidades. Desde tiempo atrás me resulta un tanto aburrido entretener relaciones en las que exista un límite explícito de conexión y exploración. Más que el fruto de la educación intelectual, la profundidad responde a la apertura de mente y corazón para entretener cuestionamientos de carácter último. Es cómo si en las profundidades existiera un pasadizo secreto a las alturas desde las que se aprecia la vida humana desde una perspectiva privilegiada que arroja luz a los "¿por qués?" de la realidad. Es pues común que en charlas, cursos o talleres comparta la perspectiva profunda que informa mi trabajo. Presentaré tres aspectos de las profundidades como preámbulo e introducción a la ecología profunda.

Para abordar el primer aspecto conviene hacer uso de la estructura de un árbol. Así como sabemos que las ramas, tronco, flores, hojas y frutos son imprescindibles para su bienestar y sobrevivencia, muchos olvidamos la preponderancia de las raíces, simplemente por el hecho que en su mayoría se encuentran mas allá del contacto directo con nuestros sentidos. Esto contribuye a un cierto olvido que, aunque pareciera intrascendente, crea serias lagunas de negligencia y omisión. El rizoma—que se hunde en el suelo fértil, oscuro, húmedo y preñado de potencialidad—es el proveedor de estabilidad y entereza que nos remite metafóricamente al origen del árbol y la vida misma.

En las profundidades, la raíz representa aquello que yace escondido a plena vista. En el reino de lo humano, el rizoma representa la sutil fuente del mundo material que calladamente provee los nutrientes necesarios para organizar las actividades que tienen lugar bajo el sol. La raíz hace presente las historias, creencias y valores de los cuales brota nuestro comportamiento y las decisiones de todos los días. Aristóteles consideraba la existencia de cuatro causas que servían de explicación al "¿por qué?" de las cosas y su movimiento: la causa material, formal, eficiente y final. Es ésta ultima, la causa final, que representa el llamado trascendente del más alto potencial humano a la que aludo con el primer aspecto de las profundidades. El rizoma, arropado en el calor del suelo, es una expresión del entramado de relaciones que sirve de repositorio de la sabiduría original que nutre las historias guía del florecer humano.

El segundo aspecto de las profundidades tiene que ver con nuestra experiencia sensorial, somática y cognitiva de la propia profundidad. Referida como la tercera dimensión después del largo y ancho, la profundidad es frecuentemente responsable de la riqueza vivencial, haciendo del observador un partícipe activo. La profundidad entre los elementos de un paraje—rocas, suelo, arboles, nubes, agua, aves—está ligada al observador/participante. A medida que me muevo dentro del paisaje, las apariencias de sus elementos cambian y con ello la cualidad experiencial del sentido de profundidad. Mientras que al mirar una pantalla de dos dimensiones (largo y ancho) con imágenes en movimiento me mantengo como un mero espectador, la tercera dimensión me hace un personaje más en la historia de la existencia. La alienación del mundo es sanada a través de la profundidad.

Mis sentidos me informan a diario que habito sobre la Tierra. El suelo por debajo de mis pies, el cielo por arriba de mi cabeza, los demás seres a mi alrededor. Toma unos momentos recordar que mi membresía con el cuerpo de la Tierra es tal que mi ser tiene como morada las entrañas de un planeta, y que mi sobrevivencia, sanidad y bienestar dependen íntimamente de los ritmos naturales dentro y fuera de mi cuerpo. Mis anhelos, pensamientos, sentimientos y acciones tienen cabida gracias a las bondades encontradas en las profundidades de la Pachamama.

El tercer aspecto de las profundidades habla de la subjetividad inherente al mundo. Si lo tangible y objetivo que me rodea está asociado con una percepción lógico-racional, la subjetividad de las cosas y seres, relacionada a la intuición y la imaginación, es primordialmente encontrada en sus parajes internos. Para el paleontólogo y padre jesuita Pierre Teilhard de Chardin, el universo entero presenta dos dimensiones complementarias; una externa y una interna. La primera tiene que ver con el mundo físico y las apariencias, mientras que la segunda está compuesta por la realidad psíquica que alimenta la materia desde adentro. Enfocarse sólo en una dimensión es insuficiente y ultimadamente perjudicial. Veamos la mutualidad de ambas dimensiones a través de un ejemplo.

El mundo entero es como una mujer preñada. La mayoría de nosotros andamos por la vida percibiendo al mundo/mujer como una dama con sobrepeso. Apreciamos su cuerpo redondeado y planeamos como hacer uso de sus diferentes curvas. En el mejor de los casos, la tratamos con respeto. Quizá hasta nos maravillamos de los secretos que resguarda, aunque más comúnmente hacemos de la mujer/mundo lo que nos plazca. En cambio, desde las profundidades se nos otorga la posibilidad de reconocer a la mujer en su totalidad como un ser completo en sí mismo y como portadora de una creatura imbuida de potencial infinito. El tierno ser representa la subjetividad del mundo. Un universo entero colmado de significado y valor yace en el germen de la mujer/mundo y al interior de la vida misma.

Las historias y causas de carácter último, la interconexión carnal y psicológica con el planeta y el valor y significado de la dimensión interna del mundo son parte esencial de las profundidades. Desde ahí preparan e incitan a la mente humana en su necesario viaje al interior, al tiempo que guían e informan un andar genuino y una vida más digna en sintonía con las ecologías a nuestro alrededor.

ORÍGENES

El filósofo Noruego Arne Naess es reconocido como el originador del movimiento de la ecología profunda. En un ensayo llamado *Lo superficial y lo profundo, movimiento ecológico de largo alcance*,[1] Naess cuestionó el valor y efectividad de los movimientos ambientales modernos, considerando que sus estrategias de acción y resolución de problemas operaban desde una óptica superficial. La "ecología superficial" produce soluciones de corto plazo a retos complejos, interconectados y con incidencia en múltiples esferas del quehacer humano. Es común que tales "soluciones" compliquen y politicen las problemáticas iniciales y, más que contribuir con respuestas viables, agraven el mal que pugnan por sanar.

Por ello, Naess formuló una ecología que buscaba encontrar soluciones tomando en cuenta las arraigadas pautas culturales y existenciales que dieron origen a una problemática dada. De esta manera, con una mirada honda, inclusiva y de largo alcance, la ecología profunda emergió a mediados de los 70's.

El naciente movimiento unió a un sinnúmero de personas y profesionistas de diferentes ámbitos en un fin común: el frenar el gran daño que la especie humana infligía al planeta desde una perspectiva radical. La crítica principal de Naess hacia lo que consideró como "ecología superficial y de corto plazo" descansa en su enfoque antropocentrista, es decir, la tendencia de los seres humanos a considerarse las entidades más importantes y dotadas de un valor moral por encima de todo. El universo mismo es visto, medido y organizado exclusivamente en base a las necesidades humanas. Un ejemplo concreto facilita una mejor comprensión de la perspectiva antropocéntrica reinante en las sociedades industriales.

EN EL RÍO EXISTO

Supongamos que una empresa maquiladora vierte ilegalmente sus desechos de producción al río local el cual es la fuente principal, corriente abajo, de un proyecto de agricultura orgánica a mediana escala. En el mejor de los casos, la ecología superficial abordaría el problema con el objetivo de mejorar la salud de los consumidores de los productos orgánicos de la compañía agricultora y continuar los flujos económicos de ambas empresas en pos del "bienestar" y "progreso" de la región. Sería un gran triunfo lograr que la maquiladora procesara sus desechos antes de introducirlos a los ecosistemas locales. Sin embargo, la meta de la ecología profunda sería diferente.

Un enfoque profundo pondría en tela de juicio los supuestos beneficios que la empresa maquiladora acarrea a nivel social y ecológico. De igual forma, se abogaría por una redistribución local de los bienes provenientes de la fábrica, ultimadamente evaluando la viabilidad del proyecto en el contexto de la salud e integridad de los habitantes de la bio-región, humanos y no-humanos. Tanto la maquiladora y la iniciativa de producción orgánica serían estudiados en base a la capacidad de carga de la bio-región y del ecosistema ribereño.

La principal postura de una perspectiva superficial sería que la maquiladora contribuye al desarrollo de la región a través de la creación de empleos y un influjo económico constante. De ésta manera, la empresa se considera indispensable para la subsistencia de la comunidades aledañas. Por otro lado, desde la perspectiva profunda el costo del influjo económico es demasiado alto, ya que debilita las fuentes naturales de verdadera riqueza, además de imponer un sistema de creencias basado en valores divorciados de la realidad ecológica. La ecología profunda quizá propondría relocalizar la maquiladora, proponiendo diferentes alternativas de vivienda y subsistencia como el aprovechamiento consciente de los recursos locales, la creación de cooperativas y economías locales o quizá actividades que atraigan intercambio con otras regiones por medio de la conservación de los ecosistemas de la región. Esencialmente, el enfoque profundo pugnaría tanto por la salud de los trabajadores de la maquiladora y los consumidores de los productos orgánicos como por los habitantes cercanos al río, la flora, fauna y microbiota que depende o habita en el río y, ultimadamente, por toda vida en el planeta.

La siguiente cita del ambientalista Australiano John Seed nos ayuda a elucidar la premisa principal en la que descansa la propuesta de Naess:

> "Estoy protegiendo la selva lluviosa" se transforma en "soy parte de la selva lluviosa y me protejo a mí mismo. Soy parte de la selva lluviosa que recientemente alcanzó la autoconsciencia." ¡Qué alivio, entonces! Se acabaron los miles de años de una imaginada separación y comenzamos a recordar nuestra verdadera naturaleza.[2]

La selva lluviosa, el río, los arrecifes de coral, el bosque mesófilo de montaña, los tlacuaches, iguanas, chimpancés, el fitoplancton, las montañas, los hongos, los chapulines, las tortillas, los pueblos originarios, las nubes y el sol—todos son parte de la verdadera naturaleza al centro de nuestra humanidad. La idea es que al despertar a la nuestra ampliada identidad humana como el cuerpo de la Tierra los varios esfuerzos de conservación y concientización surgen de manera natural.

¿*HOMO ECONOMICUS* O *HOMO SAPIENS*?

La separación radical del humano y su entorno que deviene de la visión superficial y antropocentrista nos convierte en *Homo economicus*, meramente preocupados en maximizar las ganancias monetarias a cualquier costo. La ecología profunda pretende revertir esta tendencia reduccionista y simplista para hacer honor al título de nuestra especie: "humanos sabios" (*Homo sapiens*). Esta sabiduría no depende de una posición privilegiada en la red de la vida sino del reconocimiento de formar parte activa de los ciclos biogeoquímicos que energizan el funcionamiento del planeta.

Así, la ecología profunda se basa en una visión ecocéntrica en la que la totalidad interdependiente de la vida (y no el humano) pasa a tomar el rol central. La ballena, el mono, la lombriz y el cactus comparten el mismo derecho básico de vivir independientemente del valor que pudieran tener en las cadenas productivas. La gradual disolución de la barrera entre lo humano y lo no-humano propicia un sentido de empatía y conexión con todos los seres, permitiendo el reconocimiento de su subjetividad y valor.

La óptica profunda en el estudio de casa, del planeta, permite un cambio radical y contundente en el abordaje de los problemas ambientales mediante tres maneras principales:

1) Libera al humano de su alienación y abultada importancia.

2) Concede un valor intrínseco al resto de las especies, prestando atención a nuestra inevitable conexión con ellas.

3) Fomenta una actitud de reverencia y gratitud en nuestro caminar por la Tierra.

Para muchos, este cambio de perspectiva en el que el ambiente y sus creaturas es concebido como una ampliación de nuestro ser es sólo entendible dentro de un marco espiritual. El propio trabajo de Naess y otros investigadores se inspira en la sabiduría espiritual de tradiciones alrededor del mundo (Cristianismo, Budismo, Hinduismo, Taoísmo, tradiciones indígenas, etc.) y el anhelo humano de desarrollar sus facultades internas latentes. Sin embargo, no es necesario formar parte de alguna religión o grupo espiritual, sino todo lo contrario. El magnetismo de la ecología profunda radica en que no es sólo una propuesta filosófica pluralista, sino que también reconoce de manera práctica la presencia y valor de la vida misma y el derecho al desarrollo último de todos los seres.

PLATAFORMA

La plataforma de la ecología profunda ha sido de gran ayuda al cuestionar ciertos supuestos culturales limitantes y participar en la creación de alternativas ecológicamente viables. Los ocho puntos de la plataforma mostrados a continuación son una variación y adaptación de los propuestos originalmente. La plataforma original articulada por Arne Naess y George Sessions, una versión de 1995 producida en el Schumacher College en el Reino Unido,[3] el trabajo del autor y el cariño y dedicación de grupos en México son los responsables de la siguiente plataforma.

Plataforma de la ecología profunda

1. Toda vida tiene un valor intrínseco independiente de la utilidad que supone al ser humano.

2. La riqueza y diversidad natural contribuyen al bienestar de la vida y al reconocimiento del valor intrínseco de todos los seres.

3. Los humanos tenemos derecho a tomar de la riqueza y diversidad natural para satisfacer de manera regenerativa nuestras necesidades auténticas.

4. La influencia del ser humano industrial en el planeta es excesivamente destructiva y va en aumento.

5. Los elementos claves de éste impacto, dictados por el grado de conciencia social, giran alrededor de la forma de vida del ser humano industrial y sus niveles poblacionales.

6. La conservación y florecimiento de la diversidad biológica y cultural ocurre en función a la reducción responsable del impacto humano.

7. Por lo tanto, estructuras ideológicas, políticas, económicas y tecnológicas básicas han de regenerarse en servicio al bienestar de la trama de la vida.

8. Aquellos que reconocen el llamado de los puntos anteriores, sienten el impulso de trabajar personalmente y hacer cambios amorosos para la reintegración de la humanidad al equilibrio de la naturaleza.

El debate y las conversaciones en torno a la plataforma han sido fructíferos. Refinando y legitimando el movimiento de la ecología profunda, los ocho puntos han servido de referencia ética y moral, y de inspiración en esfuerzos de activismo socio-ambiental.

A manera de repaso, la propuesta de la ecología profunda se caracteriza por una serie de postulados en los que se incluye: el reconocimiento de la igualdad de todo ser viviente y de la totalidad relacional de todos los seres, la celebración del valor de la cooperación, la promoción de la complejidad, el fomento de la autonomía local, la oposición a la contaminación de los ecosistemas y la explotación de los recursos y el apoyo en la lucha por la justicia social.[4]

Lejos de ser una propuesta perfecta, la ecología profunda nos invita a recobrar un sentido de confraternidad con la red de la vida. El ensanchar nuestro sentido de identidad y sentirnos parte de nuestros alrededores despierta en nuestro interior la habilidad de cuestionar hábitos que normalmente pasan desapercibidos. Al cuestionar algunos de éstos patrones conductuales, somos capaces de develar el sistema de valores que los informa y plantearnos, de manera sincera, si aquella compra, modo de transporte, prenda de vestir, habito alimenticio o destino vacacional contribuye al florecimiento del planeta. La oportunidad de fomentar una vida mejor para todos yace en nuestra capacidad de ir más allá de los dictados de una sociedad que busca maximizar sus ganancias y vendernos una forma de vida en guerra con la Tierra. La ecología profunda nos ayuda a reorientar nuestros esfuerzos hacia un futuro que da cabida a todos los seres.

ECOPSICOLOGÍA

Es posible argumentar que la ecopsicología o el estudio de la relación psicológica entre los humanos y la naturaleza es tan vieja como nuestra especie. Desde el amanecer del *Homo sapiens* ha existido un profundo lazo evolutivo y bio-psicológico con la naturaleza. Históricamente, éste lazo ha sido entendido y caracterizado por el "animismo;" la creencia de que los seres vivos y sus parajes están dotados de un principio dador de vida.

Para virtualmente todas las sociedades pre-industriales, la divinidad y lo material conformaban una totalidad. La naturaleza era sagrada. Si tuviéramos la oportunidad de preguntarle a alguno de nuestros ancestros acerca del pilar fundamental de su cosmología, él o ella probablemente nos diría: "todas las cosas están llenas de dioses," tal como proponía el filósofo pre-Socrático Tales de Mileto. Esta observación no es hecha con el fin de romantizar y proponer que las comunidades pre-industriales vivían únicamente en paz y armonía con el entorno, sino con la intención de reconocer la remarcable reciprocidad e íntima conexión que existía (y existe) entre nuestros ancestros y el ambiente.

En la prehistoria toda psicología era ecopsicología, en parte gracias a que la diferenciación entre la psique y el principio dador de vida era prácticamente inexistente. Así, existe una conexión entre el chamanismo, la forma más antigua de espiritualidad conocida, y la ecopsicología.[1,2] Esto nos proporciona un vislumbre del significado y profundidad representada por la relación psicológica entre nuestra especie y la naturaleza en torno al saber humano y sus posibilidades.

ORIGEN CONTEMPORÁNEO

Los inicios de los 1990's vieron surgir una renovada corriente de pensamiento ante la creciente degradación ambiental. A diferencia del movimiento ecologista surgido décadas atrás, el pequeño grupo de personas reunidas en Berkeley, California (EUA), tenía especial interés en explorar las causas psicológicas de la relación disfuncional entre el humano y la naturaleza. Eventualmente, la palabra "ecopsicología" fue acuñada por uno de los miembros del círculo, Theodore Roszak, para referirse al estudio—que ya venía desarrollándose—de la relación psicológica entre los seres humanos y el resto del mundo natural. Poco a poco, el concepto fue desarrollado desde sus orígenes contraculturales hasta ser reconocido en ciertos sectores de la sociedad alrededor del mundo.

Muchas han sido las influencias intelectuales y epistemológicas de la ecopsicología. De la gran variedad de escuelas y corrientes es importante citar la ecología profunda, el trascendentalismo Norteamericano, el movimiento Europeo Romántico, las psicologías profundas, diversas tradiciones espirituales, el ecofeminismo y la psicología transpersonal. Algunas influencias inmediatas del naciente proyecto yacen en la obra de Aldo Leopold, Arne Naess, Joanna Macy, Paul Shepard, Chellis Glendinning, Michael J. Cohen, Ralph Metzner, James Hillman y el trabajo anterior del mismo Theodore Roszak.

Los ecopsicólogos sostienen que el desarrollo óptimo y saludable de la mente humana depende de la naturaleza de manera tan esencial como el hecho de que nuestros cuerpos son alimentados y sostenidos por el aire que respiramos, los alimentos que comemos o el agua que bebemos. Una serie de ideas y conceptos del ámbito ecopsicológico tales como: "eco-trauma," "biofília" "trastorno por déficit de naturaleza," "solastalgia" o "inconsciente ecológico" han sido exitosamente aplicados en el análisis de problemas ambientales como el cambio climático, la sobre-explotación de los recursos y la extinción de las especies. Los conceptos intentan dar voz al complejo entramado psicológico y emocional que vincula a los seres humanos con el planeta.

Una propuesta básica de esta óptica unitiva humano-naturaleza es que la actual relación psicológica entre los ciudadanos de países industrializados y los ecosistemas que los acogen es poco saludable. Las problemáticas ambientales son claros síntomas de un profundo malestar arraigado en la psique industrial que pocos toman el cuidado de investigar. La sociedades industrializadas son diagnosticadas como desarrollos patológicos con una sintomatología que asemeja a una mente esquizoide enteramente divorciada de su fuente de salud, equilibrio y plenitud. No obstante, la estrecha conexión entre la psique y la Tierra provee un camino viable para la transformación hacia una convivencia planetaria sostenible, regenerativa y mutualmente satisfactoria. Tal camino de cambio facilita un proceso de sanación integral—el reverdecimiento de la psique humana es esencial para nuestra salud y la gran sinfonía de vida terrestre. El reconocido biólogo de la conservación E.O. Wilson propone,

> explorar y afiliarse con la vida es un proceso profundo y complicado en el desarrollo mental. Hasta cierto punto todavía devaluado por la filosofía y la religión, nuestra existencia depende de esta propensión, nuestro espíritu es tejido por ella, la esperanza resurge entre sus corrientes.[3]

La ecopsicología evidencia la gran necesidad de examinar el conocimiento que se tiene de la mente en las sociedades industriales. De ello depende la activación de la sanación del humano y la Tierra que abre paso a un futuro floreciente en el que generaciones venideras gocen de las riquezas que supone el libre desarrollo psicológico en plena alianza con el mundo natural.

MENTE NATURAL

Para el psicólogo arquetípico James Hillman, la comprensión de la psicología moderna acerca del funcionamiento y salud de la psique es incompleta, sino es que gravemente desatinada. Uno de los principales malentendidos de la psicología, según Hillman, deriva de la tendencia reduccionista y positivista de la ciencia del siglo XIX que influenció y dio origen al estudio de la psique como lo conocemos en nuestros días. Este enfoque reduce el núcleo de la mente a una parte indefinible del cerebro. Atrapando la mente dentro del cráneo humano, la psicología se centra en dinámicas intra- e interpersonales para producir pacientes funcionales y propiamente adaptados al contexto de las sociedades industriales. Esta labor reduce la complejidad de la psique a un pequeño segmento de su expresión material mientras que las pautas sociales responsables de la crisis ecológica son ignoradas o incluso celebradas. La degradación ambiental y la enfermedad humana están intrínsecamente implicadas.

A manera de correctivo, los ecopsicólogos proponen una reformulación de la comprensión de la psique de algo concreto, aislado y exclusivo de lo humano, a una ocurrencia distribuida en el planeta entero. Nuestra salud, o su ausencia, no sólo está dictada por algún desequilibrio bioquímico a nivel cerebral o debido a una crianza abusiva, sino que también depende del estado de nuestro entorno.

> La psicología tan dedicada al despertar de la conciencia humana, ha de despertarse a sí misma a una de las verdades humanas más antiguas: no podemos ser estudiados o curados aparte del planeta.[4]

Si se considera a la psique como un fenómeno natural, el planeta entero se convierte en el cuarto de consulta—el siseo de los vientos, el galopar de un caballo o la imponente presencia de una antigua roca forman parte activa del proceso de auto-indagación y curación. De esta manera, toda dinámica psicológica es vista como una expresión ecológica. Estrictamente hablando, toda psicología se convierte en ecopsicología (una vez más).

Hoy en día existe una variedad de enfoques ecopsicológicos que contribuyen activamente a impulsar, renovar y aplicar la naciente y necesitada área de estudio. Es posible clasificar los distintos esfuerzos en cinco orientaciones interrelacionadas. La primera se centra en la noción del inconsciente ecológico, el cual es una expansión del inconsciente colectivo Junguiano para incluir el mundo natural en su totalidad. Esta orientación propone que el núcleo y fuente de salud y sabiduría de la mente humana se haya en la Tierra misma. La segunda es una orientación fenomenológica en la que se considera a la experiencia de vida en sí misma y al encuentro directo con otras creaturas del reino natural como el pilar fundamental de todo lo que nos hace humanos. La interconexión con todos los seres constituye la tercer orientación. En ella se celebra la cualidad relacional y abarcante de la profunda naturaleza del humano: el cuerpo de la Tierra es concebido como la dimensión fundamental de nuestra humanidad. La orientación transpersonal entreteje las experiencias espirituales y de carácter místico con la naturaleza. El saberse y experimentarse como parte y todo de la totalidad planetaria es visto como una de las piedras angulares de un ser realizado. La quinta y última orientación es la trascendental. Ligada al conocimiento indígena, ésta orientación concibe la presencia de una fuerza rectora del mundo de la que se derivan sistemas éticos, espirituales y religiosos.[5]

Las cinco orientaciones, con sus similitudes y diferencias, nos hablan de la primacía de la relación humano-naturaleza en referencia al desarrollo personal, la sanidad social y la sustentabilidad y regeneración ecológica en el marco de los turbulentos tiempos a los que hacemos frente. La relevancia de la ecopsicología se hace palmaria a manera que la crisis ecológica y multidimensional afecta a un creciente numero de personas. Conviene entonces presentar las propuestas y supuestos ecopsicológicos principales que sirven de brújula y guía para el buen vivir y el bienestar planetario.

Ecopsicología: Ocho principios

1. El núcleo de la mente es el inconsciente ecológico. Su represión es la raíz más profunda de la locura de la sociedad industrial mientras que su reconocimiento es el camino a la sanidad.

2. Los contenidos del inconsciente ecológico representan un record vivo de la evolución cósmica, trazándola hasta las condiciones iniciales del evento creativo del "Big Bang."

3. El objetivo de la ecopsicología es el de despertar el sentido de reciprocidad ambiental que yace comúnmente reprimido en el inconsciente ecológico.

4. La tarea de la ecopsicología es la de regenerar el inconsciente ecológico en adultos sanos y funcionales a través de cultivar la cualidad encantada del mundo que caracteriza a la niñez.

5. El ego ecológico madura en función al compromiso moral hacia el planeta, el cual es tan vívidamente experimentado como nuestra responsabilidad ética hacia otros seres humanos.

6. Un esfuerzo principal de la ecopsicología es la revaluación del carácter "masculino" de las estructuras políticas que nos llevan a dominar a la naturaleza como si se tratara de un ámbito anormal y desprovisto de derechos.

> **7. Los esfuerzos sociales a pequeña escala y de empoderamiento personal nutren al ego ecológico. Por el contrario, aquello que pugna por la dominación a gran escala atenta en contra del ego ecológico.**
>
> **8. La ecopsicología mantiene que existe una interacción sinérgica entre el bienestar personal y planetario: las necesidades del planeta son las necesidades de la persona, los derechos de la persona son los derechos del planeta.**[6]

Los ocho principios propuestos por Roszak y presentados de forma abreviada y levemente modificada se centran en la existencia de una mente natural o inconsciente ecológico anteriormente mencionado. Al tomar en consideración el desarrollo armónico individual desde el asombro animístico de la niñez hasta un sentido del "yo" en cercana convivencia con el entorno (ego ecológico) e informado por el inconsciente ecológico, la propuesta ayuda a vislumbrar el marco teórico y las posibles aplicaciones prácticas y clínicas de la ecopsicología. Los principios son una propuesta maleable que sirve de punto de partida para la reinvención de la relación humano-Tierra.

EL ALMA DEL MUNDO

Para nuestros antepasados, la psicología y la ecología realmente constituían una unidad inseparable. Libre de barreras físicas o psicológicas considerables, la mente tribal se mezclaba con los ritmos ecológicos y cósmicos de tal manera que los diversos elementos del cielo y la Tierra constituían parte esencial de su identidad. El ancestral sentido del "yo" se extendía a los miembros de la tribu y a los seres del mundo-más-que humano con los que co-evolucionaban. Este estrecho contacto con lo salvaje dotó de una marcada pertenencia a la matriz universal de la que todo surge. Miles de años después, los griegos le dieron el nombre de *anima mundi* o "alma del mundo" al principio creativo omnipresente, usualmente concebido como femenino.

En el *Timeo* de Platón, la noción del alma del mundo hace alusión al cosmos como una entidad viva que contiene a todo ser dentro de sí. Esta gran creatura de cósmicas proporciones es la encargada de animar y dinamizar la vida en todas sus manifestaciones, permitiendo una especie de participación original en la que se pone de manifiesto la unidad humano-naturaleza. Pero después de una serie de eventos en el transcurso de la evolución humana, la conexión con el *anima mundi* fue relegada al olvido y gradualmente concebida como una peculiaridad de tiempos arcaicos e ingenuos. No obstante, el alma universal sigue siendo de suma importancia para una variedad de culturas originarias, siendo venerada como el principio rector de la vida personal y comunitaria. Himnos han sido compuestos en su nombre y la comunidad pulsante y confraternal que representa es continuamente honrada y exaltada.

La separación de la matriz natural del *anima mundi* abrió el camino para el surgimiento del ego individualizado y el advenimiento de las sociedades industriales. El progreso social se equiparó al adelanto tecnológico medido por su capacidad para controlar y manipular a la naturaleza, la expresión material del alma universal. Las dimensiones de la experiencia humana asociadas con el principio femenino tales como respuestas emotivas, saberes intuitivos e instintivos y los vuelos de la imaginación, fueron relegados a la sombra de la racionalidad. La inauguración de las sociedades industriales y el aumento del desarrollo tecnológico asociado ha sido posible gracias a la negación del alma del mundo a través de la adopción de una óptica mecánica y masculinizada del mundo natural. La solidificación de un sentido de identidad aislado tuvo lugar a costa de una dolorosa herida de pérdida y separación de la matriz de creatividad universal.

Ya sea consciente o inconscientemente, los habitantes modernos llevan dentro de sí un profundo anhelo de reencontrarse con la creatura cósmica que los parió. Desde una perspectiva ecopsicológica, este anhelo inspira la tarea de sanar la relación del humano con la naturaleza, a la vez que sugiere que la salud implica un movimiento hacia la totalidad que reaviva la presencia del alma.

Se hace posible indicar que el alma es el encuentro curativo del mundo interior con el exterior, de lo humano y lo más-que-humano. Sin embargo, debe tomarse una crítica precaución. La sanación de nuestra conexión con la naturaleza y el alma universal podría ser interpretada desde una óptica puramente masculina en el sentido de que aquello con lo que estamos buscando reconectarnos es algo "allá afuera," exclusivamente encontrado en la vírgenes selvas o en un gran arrecife de coral. La naturaleza y el alma tienen un carácter omnipresente. La búsqueda de sanación está ligada tanto a los ecosistemas de nuestro gran planeta como a lo salvaje que palpita en el corazón humano.

El radical cambio de perspectiva necesario para al menos entretener la posibilidad de la existencia de una mente natural que entreteje y nutre a todos los seres no es un paso fácil para la mayoría de nosotros. Una manera de facilitar el entendimiento de esta concepción integrativa humano-naturaleza es por medio de la experiencia directa.

Si te es posible, siéntate tranquilamente en un área verde y arbolada, incluso en medio del bullicio de la ciudad, y deja que tu mirada repose en las diferentes texturas y colores que te rodean. Después de un tiempo inicial, mantente lo más quieto posible, abriendo tus sentidos a los diferentes sonidos y presencias a tu alrededor a manera que preguntas a tu cuerpo y a esa parte ancestral dentro de ti cómo es que se siente. Respira. Reconoce el apoyo inmediato de la capa más superficial del cuerpo de la Tierra, el suelo. De manera similar, el alma universal ofrece su constante sostén y nutrimento a todos los seres. La Tierra y el alma operan en estrecha alianza con los millones de especies que compartimos el planeta para tejer el pacto de la vida.

La misma apertura necesaria para experimentar las sutilezas y variados ritmos encontrados en los matices, texturas y creaturas de una zona arbolada nos lleva más allá de los confines del egocentrismo humano hacia la curativa presencia de la Tierra/alma. La invitación de la ecopsicología para caminar sobre la tierra con el mismo respeto con el que abordamos a un amante o a un miembro de la familia es un genuino intento de conjurar el regreso del *anima mundi* después de haber experimentado las consecuencias de vivir en su negación. El alma del mundo eleva nuestra conexión con la naturaleza a un cierto tipo de comunión— un íntimo pacto entre los seres humanos y el resto del mundo natural en el que las heridas de la previa alienación se convierten en flagrantes flores que anuncian la llegada a casa.

EL TRABAJO QUE RECONECTA

A principios de la década de los 70's surgió una técnica grupal y personal liderada por Joanna Macy que ayuda a los participantes a experimentar la inspiración necesaria para actuar en beneficio de la Tierra. De los Estados Unidos de América se propagó a Europa oriental y occidental, Australia y Japón, siendo los más interesados personas activas en movimientos de paz, justicia y el ambiente. Lo que ahora se le conoce como el "Trabajo Que Reconecta" (TQR) ha sido aludido por diversos nombres como "Desesperanza y Empoderamiento," "Ecología Profunda," "Despertando como Tierra," "Nuestra Vida como Gaia," entre otros. El TQR es el nombre que más fielmente representa los despertares que tienen lugar en entrenamientos, retiros, talleres y charlas, a la par de mantener un estatus más neutral e inclusivo. Como hemos explorado en secciones anteriores, las bases del TQR se encuentran en los nuevos paradigmas de la ciencia, en enseñanzas ancestrales, espirituales y religiosas y en múltiples saberes ecológicos.

Me he preguntado un sinnúmero de veces ¿qué es lo que hace del Trabajo Que Reconecta una herramienta, para mi ver, tan exitosa en su acometido? ¿De qué depende que los participantes despierten a la realización de interconexión y el consecuente empoderamiento que fluye en servicio a la vida? La respuesta corta es que el TQR apela a las dimensiones básicas y esenciales de lo que nos hace humanos.

Hace poco tuve la fortuna de asistir a Joanna en un retiro de diez días en el Norte de California. En la junta final de facilitadores comentaba al equipo que una de las grandes virtudes del TQR, puesta de manifiesto en nuestro tiempo juntos y en una variedad de grupos con los que he tenido la fortuna de servir como facilitador, era su capacidad de aligerar la pesada armadura interna que cargamos. Es común encontrar en el discurso asociado al TQR que su aplicación y práctica invita a ver nuestras relaciones con ojos frescos y a enamorarnos con el mundo. Le comentaba al equipo que el amor que veía florecer en los ojos de los participantes del retiro no era sólo una cuestión metafórica, sino que me era posible experimentarlo de manera tangible a nivel corporal de donde surgía una renovada habilidad de percibir la gran belleza de la que somos partícipes. La belleza es el pulso latente del mundo que a todo momento nos rodea. El TQR ayuda a sintonizarnos de manera más plena con los pulsos dadores de vida al cultivar claridad mental, determinación en la acción y una creciente apertura de corazón.

El juntarnos en comunidad para explorar los regalos y desafíos a los que hacemos frente en las sociedades industriales con incidencia en el planeta entero es un privilegio y una gran responsabilidad. Es un privilegio en el sentido que a millones de personas alrededor del mundo no les es posible darse el tiempo necesario para contemplar y repensar el rol de la especie en la Tierra debido a numerosas causas como extrema pobreza, inseguridad alimentaria y social, etc. Es entonces un regalo recanalizar nuestra atención hacia el bienestar personal y social. El privilegio de elección y el consiguiente cuestionamiento de alguna manera responsabiliza a los participantes del TQR a realizar cambios en sus hábitos de vida y quizá inspirar a que sus congéneres hagan lo mismo. El sentido de responsabilidad que emerge no es el resultado de una imposición dogmática acerca de lo que deberíamos de hacer, sino que es el fruto natural de la expansión de nuestros círculos de identidad.

La belleza interconectiva de la trama de la vida es, en base al TQR y sus fundamentos paradigmáticos, la base de nuestra humanidad. Equiparnos del coraje y valentía necesarias para expresar nuestra verdad y enfrentar aquello que normalmente es reprimido en relación a la situación del planeta es uno de los grandes regalos del TQR. Conectar con la intención de contribuir en la creación de un futuro viable para todos los seres activa las profundas dimensiones de la mente-cuerpo más allá de la encarnizada competencia que continuamente nos venden las sociedades de crecimiento industrial como la única estrategia de éxito y sobrevivencia. Éstas dimensiones ponen de manifiesto valores de compasión, afecto, paciencia, entereza y fuerza que parecieran tener un carácter universal. La belleza de los valores humanos en alianza con la gran trama natural florece a manera que el TQR aligera o hace transparente la pesada y común armadura psico-emocional que cargamos.

¿Pero en qué consiste el Trabajo Que Reconecta? Este tipo de encuentros grupales varían en duración—desde unas horas hasta un mes—y se caracterizan por una mezcla de conocimiento teórico, actividades vivenciales y meditativas, expresiones artísticas y de esparcimiento y un contacto directo con la naturaleza. Idealmente, los talleres ocurren en lugares serenos con acceso directo a la naturaleza y con las facilidades adecuadas para concentrar los aprendizajes de los participantes en una atmósfera cooperativa, compasiva, respetuosa y confidencial. Las personas reunidas encuentran un espacio seguro y cierta estructura y pautas generales que les permiten reconocer y explorar sus inquietudes profundas ligadas a peligros personales y planetarios.

Joanna considera que los encuentros del Trabajo Que Reconecta suelen presentar cuatro aspectos principales. El primero es que el taller funciona como un "think tank" o "laboratorio de ideas" en torno al Gran Giro y la cascada de información a la que estamos sujetos con respecto a la desestabilización socio-económica, política y ecológica que caracteriza a las sociedades de crecimiento industrial. Los talleres del TQR sirven a manera de mini-monasterios en los que se celebra y valora el silencio. Es común que se invite a comenzar el día en silencio y quietud, así como permanecer consciente y conectado con la sensación que se desprende de cultivar el silencio interno. El tercer aspecto es que los encuentros del TQR son como un exploratorio psicológico, gracias al trabajo experiencial e interactivo que se lleva a cabo, así como a la convivencia cercana con los participantes y los sentimientos asociados a la experiencia en general. El cuarto aspecto es que el encuentro es como una fiesta casera. Un grupo de amigos y amigas se reúnen para pasar un buen tiempo, compartir experiencias y reforzar los lazos entre sí de manera divertida, incluyendo la expresión de diferentes formas artísticas. Los cuatro aspectos mencionados hacen de los encuentros del TQR experiencias transformativas, profundas y divertidas.

SUPUESTOS PRINCIPALES

Podríamos preguntar ahora: ¿con quién o qué reconecta o reconcilia el Trabajo Que Reconecta? Al experimentar el dolor interno, miedos arraigados, escuchar las estadísticas y pronósticos de lo que le ocurre al planeta y sus sociedades; compartir sonrisas y lamentos y expresar elevados deseos del corazón, el camino hacia un futuro renovado se hace presente. Es claro para muchos de nosotros que el rumbo y ritmo de las sociedades industriales está regido en gran medida por la destrucción ecológica y la riqueza material de unos pocos. Es por ello que la reconexión que el Trabajo facilita tiene que ver con las fuerzas que sustentan y enriquecen la vida en su infinidad de expresiones planetarias. Esto no requiere una explicación esotérica o rebuscada. Al silenciar el constante bombardeo consumista y entumecedor al que estamos sujetos, proveer una serie de narrativas rectoras y la inspiración necesaria para emprender el cambio, el TQR es una tecnología personal y grupal que nos recuerda la gracia de la perenne presencia de la sabiduría de la Tierra.

Este recordatorio no es exclusivo de los ecologistas, activistas o practicantes espirituales; atañe a todos y cada uno de los habitantes de las sociedades industriales. La claridad de mente y corazón necesaria para elegir la vida de manera cotidiana depende en gran manera del reconocimiento de la sabiduría de la Tierra y sus poderes auto-organizantes. A continuación presento los supuestos principales que forman los cimientos que erigen y dinamizan el Trabajo Que Reconecta, resultado de la confluencia de los tres ríos brevemente presentados en secciones anteriores, así como de un creciente número de frescos tributarios de conocimiento reconectivo.[1]

1. El mundo en el que nacimos y existimos está vivo. La Tierra no es un almacén o vertedero sino que representa el cuerpo de todos. La inteligencia que entreteje a todos los seres y nos hizo humanos desde nuestros orígenes cósmicos como polvareda de estrellas es más que suficiente para sanar a la gran comunidad de la Tierra.

2. Nuestra verdadera naturaleza es mucho más amplia y antigua que el yo aislado definido por el hábito y la sociedad. Somos parte tan intrínseca del mundo viviente como los árboles, ríos y arañas, tejidos en los mismos flujos de mente, materia y energía. Habiendo evolucionado hasta una conciencia auto-reflexiva, el mundo se reconoce y explora a sí mismo por medio de nosotros, contempla su propia majestuosidad, cuenta sus propias historias y responde a su propio sufrimiento.

3. El dolor por el mundo surge de nuestra interconexión con todos los seres, de la que también nacen nuestros poderes para actuar en su beneficio. Cuando negamos o reprimimos nuestro dolor por el mundo o lo tratamos como una patología privada, nuestro poder para tomar parte en la curación del mundo disminuye. No es necesario que ésta apatía se vuelva una condición terminal. La capacidad de respuesta a nuestro sufrimiento y al de los demás puede ser desbloqueada.

4. El desbloqueo ocurre cuando nuestro dolor por el mundo no sólo es validado intelectualmente, sino también experimentado. La información intelectual de la crisis que enfrentamos o incluso de nuestras respuestas psicológicas asociadas son insuficientes. Nos liberamos de nuestro miedo al dolor por el mundo—incluyendo el temor a quedarnos permanentemente estancados en la angustia o quebrantados por la pena—cuando nos permitimos experimentarlo. Sólo entonces podemos descubrir el carácter fluido y dinámico de los sentimientos. Sólo entonces se revela nuestra pertenencia en la trama de la vida a nivel visceral.

5. Cuando nos reconectamos con la vida aceptando sufrir su dolor, la mente recupera su claridad natural. No sólo se precisa experimentar nuestra interconexión con la comunidad de la Tierra, sino que los nuevos paradigmas científicos invitan una avidez mental que acompaña la experiencia. Conceptos que realzan nuestra cualidad relacional se vuelven vívidos. Aprendizajes significativos toman lugar, ya que el sistema individual se reorganiza y reorienta basado en círculos más amplios de identidad e interés.

6. La experiencia de reconexión con la comunidad de la Tierra nos motiva a actuar en su beneficio. Nos sentimos llamados a actuar en beneficio de la Tierra a medida que sus poderes auto-curativos se asientan en nosotros. Debemos confiar y basar nuestros actos en éstos poderes para que operen efectivamente. Los pasos que tomamos pueden ser acciones modestas más deben implicar cierto riesgo a nuestro confort mental para no permanecer atrapados en límites viejos y "seguros." La valentía es un gran maestro que trae consigo gozo.

LA ESPIRAL DEL TRABAJO QUE RECONECTA

La estructura esencial del Trabajo Que Reconecta se compone de cuatro movimientos sucesivos representados a manera de espiral. Desde mi punto de vista, los cuatro movimientos son una brillante expresión de una profunda estructura trifásica puesta de manifiesto por el "monomito" o "viaje del héroe" del reconocido mitólogo Joseph Campbell. Seguir el espiral en la planeación de un taller, una charla, un retiro o incluso al ponerlo en marcha como práctica meditativa en la vida diaria contribuye activamente a la facilitación de una experiencia transformativa en vías a la expansión del sentido de identidad y al surgimiento del consecuente sentido ético planetario.

Gratitud, dolor por el mundo, viendo con nuevos ojos y seguir andando, constituyen las cuatro fases del espiral. El flujo dinámico del espiral no significa que necesariamente las fases han de seguir unas a otras. Invariablemente existe un entrecruzamiento entre ellas. Sin embargo, la gran pauta a seguir y las diferentes actividades están dictadas por el espiral, especialmente cuando no se tiene una experiencia considerable en el rol de facilitación. Es también de gran ayuda familiarizarse y poner en práctica las dinámicas propuestas en el manual del Trabajo Que Reconecta antes de facilitarlas frente a un grupo. Vale la pena tomar el tiempo necesario para nutrir con especial interés la fase de la gratitud, ya que permite una mayor cohesión social y provee el contexto interno necesario para realizar el Trabajo de manera exitosa. De manera similar, no es lo más conveniente terminar el encuentro con el dolor por el mundo.

A continuación presento con ligeros ajustes las cuatro fases del espiral como se presentan en el manual.

1. Procediendo desde la gratitud. Empezar con un simple agradecimiento por el milagro de nuestra existencia fundamenta el trabajo por venir. Tomarnos el tiempo de expresar nuestro amor por la vida en términos breves y concretos abre la mente y el corazón y sirve de contexto para el dolor que compartiremos y honraremos.

2. Reconociendo y honrando nuestro dolor por el mundo. Aquí confrontamos las realidades de nuestro tiempo planetario, incluyendo la degradación de la Tierra y el sufrimiento de todos los seres. Nos damos permiso de experimentar nuestras respuestas a tales realidades.

3. Viendo con nuevos ojos. Rastreamos nuestro dolor por el mundo hasta su fuente, la amplia matriz de nuestras vidas. En este punto crucial del trabajo observamos que nuestro dolor y nuestro poder surgen de nuestra interconexión. Exploramos nuestro vínculo con las generaciones pasadas y futuras y con el mundo-más-que-humano, extrayendo de ellos guía y fuerza.

4. Seguir andando. En la última fase exploramos el poder sinérgico que nos es accesible como sistemas abiertos y lo aplicamos al cambio social. Desarrollamos visiones y planes que ayudan a cada uno de los participantes a tomar pasos concretos en las situaciones a las que hacemos frente.

Como ya he apuntado, el movimiento por el espiral no necesariamente ocurre de manera concreta, sino que sus fases pueden surgir en distintos momentos. Los facilitadores aprenden a sentirse cómodos con la fluidez y a estar preparados para cambiar las actividades previamente planeadas en caso de ser necesario. Como muchas cosas en la vida, la efectiva aplicación del espiral requiere experiencia, destreza y un sentido refinado de las necesidades, capacidades y límites del grupo.

ALGUNAS APLICACIONES Y COMENTARIOS

El Trabajo Que Reconecta ha sido aplicado en un sinnúmero de contextos gracias a su gran adaptabilidad y exitosa trayectoria. El Trabajo ha sido compartido en instituciones gubernamentales y religiosas, en círculos de comunicación no-violenta, en charlas y conferencias, en aulas universitarias y de varios niveles educativos, en el trabajo de justicia social, en talleres de desarrollo personal, con niñas y niños, etc.[2] Es claro que las diversas comunidades se nutren de los regalos que surgen de conectar con la innata fuerza que yace dentro de cada persona más allá de su etapa de vida, inclinaciones espirituales o estatus socio-económico.

Es primordial reconocer que el TQR es como un organismo vivo—adaptable, resiliente y lleno de potencial. Su adaptabilidad se desprende del linaje espiritual y ancestral que informa las dinámicas grupales, así como la variedad de personas e iniciativas que constantemente las nutren. Es en extremo interesante para este autor ser testigo y partícipe de la evolución de ciertas prácticas y principios milenarios puestos al servicio de la sanación de la crisis multidimensional actual. La resiliencia (habilidad de un sistema para lidiar con el cambio) del TQR es el resultado de la flexibilidad y transparencia que lo han caracterizado desde el primer taller público ofrecido en 1973. Flexibilidad y transparencia en el sentido de funcionar como un sistema abierto al permitir que la sabiduría del grupo y de la vida misma sirva de guía auto-regulante en los talleres y encuentros varios. El potencial del TQR es fruto de la creatividad e innovación que enciende las mentes y corazones unidas por un bien común.

Gracias a la cualidad viva del TQR es inevitable que su presentación varíe en base a las inclinaciones y experiencias de los facilitadores. En lo personal, cuando tengo la fortuna de facilitar el TQR encuentro conveniente aclarar que la experiencia a compartir es una que emerge de mi constante interés de auto-conocimiento en alianza con la comunidad de la Tierra, así como con una vocación latente de acompañar una profunda sanación y buen vivir. Tomo el cuidado de expresar que si los participantes hallan valor, beneficio e inspiración en nuestro tiempo juntos o, por el contrario, reconocen que la experiencia ha sido una pérdida de tiempo, no sean tan rápidos en juzgar el

Trabajo. Muy probablemente la reacción tiene que ver con la calidad (o su ausencia) de la facilitación y quizá encuentren en otra(s) persona(s) una exploración más en armonía con su experiencia de vida e intereses.

En repetidas ocasiones participantes preguntan cómo es posible entrenarse para facilitar el TQR. Por una parte y gracias a la generosidad y visión de Joanna, no existe un entrenamiento formal como tal. Se da por entendido que la asociación directa con facilitadores experimentados, la íntima familiaridad con los conceptos, dinámicas y propuestas varias, y la constante práctica de los ejercicios y técnicas básicas de facilitación grupal forman la piedra angular del entrenamiento. Es bastante aconsejable, si se cuenta con los recursos necesarios, atender a retiros de varios días para profundizar en las temáticas. Es de importancia cardinal dejar que la cosmovisión y principios del Trabajo, presentados de manera resumida en secciones anteriores, se infiltren a nivel celular para que de ahí informen la vida cotidiana.

Desde su incepción, el TQR ha abrevado de la experiencia de vida de su fundadora y asociados. Cabe mencionar el balance existente entre rigor académico y las diferentes inteligencias que brotan y se activan del cúmulo de experiencias de vida de los diferentes colaboradores del TQR. Esta sinergia es en gran parte responsable de la cualidad cuasi-viva del trabajo. Así también, las dimensiones participativas e incluyentes que se despliegan pueden ser vistas como el resultado de la influencia eco-feminista en el TQR, asociada con cualidades como lateralidad, cooperación e inclusión que tienen como referencia última la comunidad de la Tierra. Reconocer tanto el valor de la inteligencia lógico-racional como la emocional, intuitiva y somática habla de un quehacer integral que invita a la totalidad del ser humano a ser un agente de cambio floreciente en su paso por este bello planeta.

Cuestión que incide directamente en la presente antología es el rol del TQR como poderoso catalizador de cambio floreciente en el Hemisferio Sur y los llamados países en "vías de desarrollo." Las comunidades menos privilegiadas alrededor del mundo—y en específico de América Latina—tienen una larga historia de represión y subyugación, haciendo del re-empoderamiento compasivo avivado por el TQR pieza crucial en el devenir comprometido en nuestros días de peligro. En su reciente encíclica, el Papa Francisco propone,

> Hoy no podemos dejar de reconocer que un verdadero planteo ecológico se convierte siempre en planteo social, que debe integrar la justicia en las discusiones sobre el ambiente, para escuchar tanto el clamor de la tierra como el clamor de los pobres.[3]

Dado el desarrollo histórico de los pueblos del Sur (tanto metafórico como geográfico), existe un común trauma intergeneracional entretejido con enojo y miedo reprimido que, desde mi perspectiva, puede ser sanamente transformado y liberado a través del TQR para el beneficio de la comunidad de la Tierra. Este beneficio toma lugar de manera simbiótica, enriqueciendo y forjando alianzas en los participantes del TQR.

Una de las contribuciones clave de los pueblos del Sur al TQR es la apertura a la multiplicidad de voces comúnmente sofocadas que hacen sonar el coro de la humanidad. La voz del reprimido y la Tierra afligida laten con fuerza en el Sur. Celebrar e incluir a las comunidades del Sur en el TQR—esfuerzo plasmado en la presente antología—comienza a sanar la añeja apropiación y sistemática destrucción industrial, mientras que el Trabajo mismo es enriquecido. Nuevos ejercicios, perspectivas y aplicaciones prácticas surgen de la inclusión de lo que ha sido históricamente reprimido. Las comunidades del Sur llevan en su seno el potencial de llevar el TQR a alturas frescas y hacerlo aplicable a una mayor audiencia.

PARTE 2

EL GRAN GIRO

Un gran número de personas despiertan día con día a la apabullante realidad de la crisis ecológica en sus diferentes expresiones. Ya sea en forma de cambios climáticos inusuales; incremento de autos, contaminantes atmosféricos y disminución de calidad del aire; injusticias sociales y violencia ligadas a condiciones extremas de vida y sustento; contaminación de océanos, ríos y suelos de donde extraemos nuestro alimento; o la creciente preocupación acerca de la calidad de vida que heredaremos a nuestros descendientes—la crisis ecológica nos afecta a todos.

En respuesta a las problemáticas ecológicas y sociales de nuestros días surgen movimientos y respuestas a lo largo y ancho del planeta con el coraje y responsabilidad de explorar posibilidades de vida sustentables y regenerativas. Una expresión de éste ímpetu, impulsado y mantenido por valores de compasión y respeto, se le conoce como el "Gran Giro." Joanna Macy propone que el Gran Giro es el nombre de la aventura esencial de nuestro tiempo: la transición de una sociedad de crecimiento industrial a una civilización que sustenta y celebra la vida. Ésta aventura es una de tres narrativas rectoras de nuestro tiempo presentadas a continuación.[1]

TRES NARRATIVAS GUÍA

La relevancia de las historias y narrativas es comúnmente pasada por alto en las sociedades industrializadas. Desde tiempos inmemoriales, las historias y símbolos pasados a través de generaciones (ya sea por medio de la tradición oral o de escrituras sagradas) han ayudado a mantener la cohesión social y dar rumbo y sentido a la vida humana. El lugar y rol de nuestra especie en la danza de la vida está informado por la palabra ancestral encapsulada en historias de origen y destino último. "Dicen los científicos que estamos hechos de átomos, a mí me dijo un pajarito que estamos hechos de historias," cuenta el eminente escritor Eduardo Galeano.[2] Las historias sirven de caldero del cual surge el accionar humano. Dicho de otra manera, las tres narrativas guía hacen las veces de brújula en nuestros tiempos.

La primera gran historia se le conoce como "Cosas de Costumbre." Siendo la narrativa más común, su mensaje principal es que hay muy poco o nada que sea necesario cambiar en el funcionamiento de las sociedades industriales. "Más de lo mismo" es el mantra de las Cosas de Costumbre. El crecimiento económico y el fetichismo material son los principales motores, mientras que estrategias políticas y de entretenimiento masivo mantienen la máquina de crecimiento en marcha. El consumo de bienes materiales por parte de la población ofertado en cada esquina, en la televisión y el internet, en la radio y en la infinidad de aparatos "inteligentes" disponibles hoy en día, es vendido como la fuente de bienestar social. El mundo natural es la materia prima del desarrollo y la competencia y separatividad son los principales mecanismos de una vida exitosa. Basta echar un vistazo, por ejemplo, al sinnúmero de reformas políticas propuestas por el gobierno mexicano en nombre del progreso del pueblo y el desarrollo económico.

La segunda historia guía tiene por nombre la "Gran Desintegración," relacionada a la pérdida de una variedad de pautas culturales y al declive de las condiciones ambientales necesarias para la vida. La crisis económica, la explotación de los recursos naturales, el cambio climático, el pico petrolero, la masiva extinción de especies, las guerras y las injusticias sociales son algunas consecuencias del accionar industrial bajo el mando de la historia de las Cosas de Costumbre. En base a esto, la capacidad de carga del planeta o la cantidad de recursos naturales necesarios para mantener de manera viable una cierta población esta siendo sobrepasada, dando como resultado la Gran Desintegración. Es común que se piense o que las cosas no están tan mal, que la situación es una exageración, o que la desintegración es tal que cualquier esfuerzo para contrarrestar el caos y la destrucción es inútil. De cualquier manera, el momento histórico en el que vivimos trae consigo una tercera alternativa que surge como brillantes flores de entre las grietas del pavimento.

El "Gran Giro" constituye la tercer narrativa que apunta hacia la co-creación de sociedades que sustentan y celebran la vida. Pareciera que la transición a una cultura regenerativa más en armonía con los ciclos naturales toma lugar inicialmente en pequeños grupos a los márgenes de las sociedades. El Gran Giro efectivamente hunde sus raíces en los corazones, mentes y manos de (relativamente) unos pocos pero, como ha ocurrido con previas revoluciones, al alcanzar una masa crítica, lo marginal se convierte en la norma. Se vuelve necesario entrenar la mirada para reconocer pautas que parecieran provenir de ínfimos y aislados esfuerzos pero que constituyen los síntomas del posible cambio cultural por venir. "Otro mundo no sólo es posible, está en camino. En un día callado, puedo escuchar su respiración,"[3] propone la activista y autora hindú Arundhati Roy.

En su conjunto, las tres narrativas sirven de guía para organizar e inspirar las vidas de los habitantes de las sociedades de crecimiento industrial hacia un cierto rumbo. Quizá uno de los factores críticos que señalan la membresía a cada historia es el grado de apatía y entumecimiento interno dictado por los cánones sociales y la ausencia de recursos internos para lidiar de manera efectiva con la alegría, dolor e incertidumbre de la vida cotidiana.

Conscientes de la relevancia de las tres historias a nivel personal y colectivo nos encontramos en una posición favorable para despertar del estupor de las sociedades de crecimiento industrial y unirnos a la creciente ola del Gran Giro. El poder de las historias es tal que si las tres narrativas guía son como un gran árbol, la gran mayoría de nosotros nos alimentamos diariamente de sus frutos, representados por ciertos "comandos" e ideales, sin cuestionárnoslo dos veces. Éstos frutos proveen vitalidad emocional y psicológica y arrojan luz al destino de nuestra especie. La narrativa del Gran Giro sirve de puente entre nuestros días en riesgo hacia un futuro florido para la comunidad de la Tierra.

PROFECÍA DE SHAMBHALA

Aunque la historia del Gran Giro es reciente, se alimenta de sabiduría contenida en antiguas enseñanzas de carácter predictivo. Una de las míticas historias que sirve de sustento interno para la aventura esencial de nuestros tiempos es la profecía de Shambhala proveniente del Budismo Tibetano. La profecía hace referencia al legendario reino de Shambhala en donde la paz, felicidad y armonía son la expresión de una sociedad despierta. El siguiente recuento de la antigua historia le fue transmitido a Joanna por el maestro

Dugu Choegyal Rinpoche (aquellos que les nazca compartir la profecía en talleres y encuentros de carácter público se les pide sólo hacerlo si han recibido las enseñanzas de forma oral).

Llega un tiempo en el que la vida en la Tierra está en peligro. Grandes poderes barbáricos habrán surgido. A pesar que éstos poderes emplean su riqueza en preparativos para aniquilarse unos a otros, tienen mucho en común: armas de incalculable devastación y tecnologías que arruinan el mundo. Es en éste momento, cuando el futuro de los seres sintientes pende del mas frágil hilo, que el reino de Shambhala emerge.

No puedes ir allí, pues no es un lugar. Existe en las mentes y corazones de los guerreros de Shambhala. Y tampoco es posible reconocer a un guerrero de Shambhala al observarlo, ya que no porta uniformes o insignias y no cargan estandartes para demostrar de qué lado están. No tienen torres de asalto a las que puedan subir para amenazar al enemigo o puedan esconderse o detrás de la que puedan descansar o reagruparse. Ni siquiera poseen un territorio al que consideren su hogar. Siempre deben moverse por las tierras de los bárbaros.

Ahora el tiempo llega en el que un gran valor moral y físico es requerido de los guerreros de Shambhala, pues tienen que penetrar el corazón de los poderes barbáricos para desmantelar sus armas—armas en todo el sentido de la palabra. Deben de adentrarse donde los armamentos son fabricados e implementados, y también en los corredores de poder donde las decisiones son tomadas.

Ahora los guerreros de Shambhala saben que éstas armas pueden ser desmanteladas. Esto es por que son *manomaya* ("hechas por la mente"). Hechas por la mente humana, pueden ser deshechas por la mente humana. Los peligros que amenazan la vida en la Tierra no son causados por ningún poder extraterrestre o deidades satánicas o un futuro predestinado. Surgen de nuestras decisiones, nuestras relaciones, nuestros hábitos de pensamiento y comportamiento.

Así que es en este tiempo que los guerreros de Shambhala entrenan. Cuando Choegyal dijo esto, Joanna le preguntó: "¿Cómo es que entrenan?" "Entrenan en el uso de dos armas," contestó. "¿Qué armas?" (Mantuvo sus manos alzadas en la forma en que los lamas sostienen los objetos rituales—el *dorje* y la campana—en sus danzas tradicionales).

Un arma es la compasión. La otra arma es la sabiduría o comprensión de la interdependencia radical de todo fenómeno. Ambas son necesarias. La compasión te da el combustible, la fuerza motivante, para ir a donde sea necesario ir. Esencialmente, significa no tener miedo del dolor del mundo. Cuando no le tienes miedo al dolor por el mundo nada te puede detener.

Pero por sí misma, esa arma no es suficiente: te puede consumir. Entonces necesitas la otra, el conocimiento de nuestro inter-ser.

Con esa sabiduría comprendes que esta no es una batalla entre los tipos buenos y los tipos malos; sabes que la línea entre el bien y el mal transita por el paisaje de todo corazón humano. Sabes que estamos tan entretejidos en la trama de la vida que hasta el más pequeño acto con una clara intención tiene repercusiones mas allá de nuestra capacidad de medirlos o hasta de verlos.

Por sí misma, esta comprensión puede parecer abstracta y fría, entonces necesitamos también del calor de la compasión para seguirnos moviendo.

La profecía de Shambhala nos habla de la existencia de dos "armas" para hacer parte del Gran Giro: la compasión, cualidad natural del ser humano, y la profunda comprensión de la reciprocidad de toda vida. Ambas armas son esenciales para retejer la alianza entre los humanos y el mundo, recuperar nuestra esencia empática y hacer de parteros del Gran Giro. Día con día, los guerreros de Shambhala continúan implacablemente en la lucha contra el entumecimiento, violencia y apatía reinante, mientras que la libre expresión de la vida y prosperidad de todos los seres sirven de inspiración. Los guerreros saben que aquello que tiene que ser combatido no son necesariamente las "malas" personas en el gobierno u otras instituciones, sino las historias guía que rigen la ideología y los valores que contribuyen a la destrucción de la Tierra. Las dos armas, compasión y sabiduría, engendran el reverdecimiento de nuestra mente y corazón, de nuestras comunidades, de nuestro mundo.

DIMENSIONES DEL GRAN GIRO

El Gran Giro como guía de buen vivir es quizás más fácilmente entendible a través de sus tres dimensiones interdependientes: acciones de contención, transformando las bases de nuestra vida y cambio de cosmovisión. Aunque algunos parteros y parteras del Gran Giro son capaces de comprometerse con las tres dimensiones a la vez, muchos más se enfocan en una o dos de ellas. De manera similar, es común que una persona dedique su tiempo y esfuerzo a una dimensión por un periodo de tiempo para después mover su intención a otra y así sucesivamente. Lo importante es que juntos activemos las tres dimensiones, todas necesarias para el cambio personal y colectivo hacia la vida.

1. Acciones de contención. Regularmente, las acciones de contención constituyen la dimensión más visible del Gran Giro, ya que forman parte de lo que se concibe como activismo. Esto es, cualquier acción de carácter frontal con el objetivo de frenar la destrucción de la comunidad de la Tierra. Aquí se incluyen marchas, mítines, boicots, desobediencias civiles, protestas y nacientes acciones como el activismo sutil y virtual, entre otras. La amplia gama de opciones "escudo" a nuestra disposición proporcionan una respuesta inmediata a una problemática dada, activando los esfuerzos de la sociedad.

2. Transformando las bases de nuestra vida. La segunda dimensión del Gran Giro provee una alternativa al insaciable desarrollo económico que utiliza a la Tierra como proveedor y cloaca, repartiendo la riqueza a unos pocos. El primer aspecto de ésta dimensión implica la comprensión de las dinámicas que mantienen activo al capitalismo corporativo, mientras que el segundo aspecto está relacionado con la generación de estrategias de auto-gobierno y sustentabilidad. La creación de movimientos e instituciones alternativas—iniciativas biorregionales, redes productivas comunitarias, legislaciones en nombre de la Tierra, permacultura, educación integral, salud holística, etc.—constituyen una posibilidad tangible de un mejor futuro.

3. Cambio de cosmovisión. Tanto las nacientes iniciativas como las acciones de contención requieren de una nueva perspectiva de la realidad y nuestro rol en ella. La constelación de valores y creencias que da forma y sustento al Gran Giro va mas allá de la visión lineal, reduccionista y desencantada de las sociedades industrializadas. El cambio de cosmovisión es facilitado por la nueva ciencia (teoría general de sistemas, ciencias del caos y la complejidad, física cuántica), diferentes escuelas de pensamiento ecológico (ecofeminismo, ecología profunda, ecopsicología, ecología integral, ética ambiental) y distintas tradiciones espirituales en sus vertientes místicas y en el compromiso social y ambiental de las religiones.

Las tres dimensiones del Gran Giro fungen como guías en el despertar hacia el saber que mora en el interior de todos los seres; la Tierra es una matriz sagrada y floreciente, fuente de vida y sabiduría. Los guerreros de Shambhala saben que una vida mas allá de los confines de las sociedades industriales es posible. La fuerza del Gran Giro se manifiesta en los pensamientos, actos y decisiones de las personas permeables a la sabiduría de la Tierra. Es posible entonces concebir la multidimensionalidad de la crisis ecológica como una oportunidad nunca antes experimentada de reclamar una vida guiada por ideales nobles y preñada con el potencial de una humanidad despierta a su gran potencial ligado a todo ser.

Aún con la información e intención adecuada, es común que nos invada un sentimiento de confusión y desesperanza dada la grave situación actual. En esos momentos, las tres dimensiones del Gran Giro nos ayudan a organizar nuestros esfuerzos y nos proveen de un sentido de pertenencia y participación en la creación de un futuro mejor. Veamos ahora ejemplos concretos asociados a cada dimensión.

ACCIONES *de* CONTENCIÓN

América Latina: El más peligroso y prometedor escenario de las acciones de contención

Daniel Abreu Mejía

América Latina, siendo una de las regiones con mayor biodiversidad y desigualdad socioeconómica del mundo, es el escenario más peligroso para realizar acciones de contención: es en Latinoamérica donde ocurre la mayoría de muertes por activismo ambiental. A pesar de las fuerzas opresoras, muchas comunidades latinoamericanas responden renovando la conformación de colectivos y la ampliación de redes de grupos afectados, al tiempo que innovan en prácticas democráticas de reivindicación popular por la defensa de la integralidad socioambiental de sus territorios. Éstas movilizaciones de base se reconfiguran por su interacción con las acciones de contención y periodismo ciudadano virtual de carácter transnacional, las cuales conectan las luchas locales con activistas de todo el planeta, amplificando el alcance de tales acciones. Éstas renovadas formas de resistencia generan redes de solidaridad que a su vez evidencian la tercera dimensión del Gran Giro: una profunda transformación de percepción y valores.

Al principio pensaba que luchaba para salvar a los trabajadores del caucho. Después pensé que luchaba para salvar la selva amazónica. Ahora percibo que estoy luchando por la humanidad.

Chico Mendes[1]

Las acciones de contención del Gran Giro en este período histórico son más necesarias y al mismo tiempo más difíciles que en cualquier otro momento. La competencia por el acceso a recursos naturales que exige la sociedad de crecimiento industrial va en aumento exponencial. Esto sucede precisamente cuando la humanidad ha sobrepasado un gran número de fronteras ambientales fundamentales para el planeta, incluyendo el cambio climático y la alteración de los flujos biogeoquímicos,[2] y cuando podemos afirmar que hemos entrado en la sexta extinción masiva de especies, la primera desde que desaparecieron los dinosaurios hace aproximadamente 65 millones de años.[3] A la vez, esta crisis ambiental confluye con una profunda desigualdad socioeconómica mundial, en donde las 80 personas más ricas del mundo poseen la misma riqueza que las 3,500 millones más pobres.[4]

En este contexto, América Latina representa un explosivo caldo de cultivo. Es al mismo tiempo la región más biodiversa y con mayor desigualdad socioeconómica del mundo. En su territorio se encuentran cinco de los diez países mega diversos del planeta (Brasil, Colombia, Ecuador, México y Perú), pero en donde el 20% de su población más rica recibe ingresos 20 veces mayores al 20% más pobre.[5] Ésta combinación de riquezas naturales y profunda desigualdad ha generado una serie de dinámicas muy violentas, en donde multinacionales y gobiernos extranjeros hambrientos de poder persiguen sus materias primas en muchos territorios que son reservas ecológicas y/o habitados por pueblos indígenas. Esto hace de América Latina el escenario que muestra los mayores peligros y oportunidades para al menos posponer el suicidio colectivo al que empuja la poderosa maquinaria ideológica, institucional y material de la sociedad de crecimiento industrial.

Es en esta dramática situación que las acciones de contención adquieren una importancia sin precedentes, sencillamente porque no tendremos el tiempo de gestar el Gran Giro si la destrucción no se reduce. Sin embargo, las acciones de contención por sí solas son insuficientes para lograr la transformación socioambiental que reclama el Gran Giro. Como afirmara el pedagogo brasileño Paulo Freire: "la lucha ya no se reduce a retrasar lo que acontecerá o asegurar su llegada: es preciso reinventar el mundo."[6]

El lugar más difícil del mundo para ser activista ambiental

José Cláudio Ribeiro da Silva fue un campesino y activista del municipio de Nova Ipixuna al Norte de Brasil. En un video grabado por TEDx

Amazonia en el 2011, contó públicamente la incontrolable destrucción que sufrían los bosques de su tierra a manos de grupos de tala ilegal de árboles. Pocos meses después, Cláudio y su esposa fueron brutalmente asesinados por hombres enmascarados.

La tragedia de Claudio es una que tristemente cientos de activistas de Brasil y otras partes de América Latina han sufrido. De hecho, en cifras conservadoras de la ONG Global Witness, entre 2002 y 2014 fueron asesinados más de 1000 activistas ambientales en todo el mundo.[7] En el 2014, el número de muertos triplicó al de 10 años antes y tres cuartas partes de estas sucedieron en América Latina, con Brasil, Colombia y Honduras siendo los lugares más mortales del globo para el activismo ambiental. La mayoría de éstos conflictos se basan en luchas por la propiedad, control y el uso de la tierra; y las principales industrias que sirven de campo de batalla son la hidroeléctrica, la minería y la agroindustria.

Una gran ironía que las generaciones futuras que esperamos nos sucedan mirarán con asombro es que precisamente muchas de las personas que mueren como mártires de la madre tierra son acusados por sus Estados de "enemigos nacionales." En varios casos se usa contra ellos legislación antiterrorista por oponerse a proyectos a gran escala y a los planes económicos autodestructivos de sus gobiernos.

La otra faceta oscura de esta tragedia es que de las víctimas, el 40% provienen de comunidades indígenas. Precisamente a quienes más necesitamos por sus profundos conocimientos holísticos para restaurar los sistemas ecológicos deteriorados, son quienes siguen sufriendo las más graves violaciones de sus derechos. En muchas situaciones, aislados y desprotegidos, luchan defendiendo sus tierras ancestrales hasta perder sus vidas, que es para muchos preferible a continuar vivos y ver perder el mundo natural que los sostiene y los recibió al nacer.

La inteligencia colectiva y creatividad institucional despiertan

Ante este escenario desolador de abusos y destrucción se podría dar la lucha por perdida. Pareciera que tratar de frenar estos ciegos "programas de desarrollo" equivaldría a intentar detener una orden divina, incuestionable y todopoderosa, según la asumen sus proponentes. Muchas comunidades latinoamericanas han optado por no dejarse intimidar y responder con renovadas energías y estrategias, especialmente buscando soluciones innovadoras que reactivan prácticas tradicionales de asociatividad.

La respuesta más efectiva al abuso sistemático del sistema dominante ha sido renovar formas de organización colectiva que, de manera más democrática, defiendan los verdaderos intereses de las comunidades al unir fuerzas diversos grupos víctima de los mismos tipos de abusos. Estas acciones en colectivo se nutren de una larga tradición de lucha anticolonial, resistencia a los regímenes dictatoriales, sindicalismo y movilización campesina. La estrategia se ha concretizado en mover la lucha desde el espacio de las comunidades aisladas, a una manera más inteligente de enfrentar las fuerzas opresoras, trabajando en red y nutriéndose de una inteligencia colectiva más amplia.[8]

Por ejemplo, en Brasil se ha conformado La Red Brasilera de Justicia Ambiental (RBJA), quienes han creado un mapa de injusticias ambientales y realizan encuentros de articulación política y creación de grupos de trabajo autónomo. En México se creó la Asamblea Nacional de Afectados Ambientales (ANAA), quienes entre otras acciones han realizado estudios de impacto ambiental popular y un observatorio comunal para que de manera descentralizada se reporten emergencias socio-ambientales. Por su parte, en el cono Sur se ha conformado la Red de los Pueblos Fumigados de Argentina, quienes afectados por la industria agroquímica, han innovado en prácticas de epidemiología comunitaria, desarrollando observatorios populares de salud socioambiental y mapas comunitarios de las enfermedades y muertes ocurridas. Otro caso de gran interés por su carácter transnacional es el Tribunal Latinoamericano del Agua (TLA) que, fortaleciendo redes en toda la región, ha realizado audiencias públicas de juzgamiento en Costa Rica, México, Guatemala, El Salvador, Nicaragua, Ecuador, Perú, Bolivia, Brasil y Chile.

Independientemente de los contextos nacionales y características particulares de cada situación, las estrategias que han encontrado terreno fértil en suelo latinoamericano han coincidido en ampliar la capacidad de respuesta colectiva mediante la conformación de redes más grandes que permitan unir comunidades, organizaciones populares y asociaciones rurales antes indefensas y aisladas a los abusos perpetrados. La nueva apuesta es generar fuerza en la unión. Un gran reto de éstas fluidas estructuras es desarrollar maneras efectivas de actuar que a un tiempo se basen en ejercicios democráticos.

Nuevas formas de activismo redimensionan el Gran Giro

Las dinámicas de reorganización y trabajo en red de muchas de las comunidades latinoamericanas afectadas se ven reconfiguradas por nuevas formas de activismo ambiental, basadas en tecnologías de información y comunicaciones, especialmente las redes sociales virtuales. Lo que hace estos procesos de movilización de comunidades distinto a otros momentos históricos es que activistas de todas partes del mundo se involucran de manera directa (aunque no necesariamente presencial) en causas locales, las cuales adquieren en ocasiones un alto nivel de visibilidad global (en casos que hace unas décadas habrían pasado completamente desapercibidos).

El espacio virtual, aún con sus nocivos efectos en la calidad de las relaciones humanas, ha posibilitado una multiplicidad de nuevas y creativas maneras de generar acciones de contención para el Gran Giro. Existen plataformas que han surgido completamente basadas en la estructura de red del Internet como Avaaz que impulsa procesos de incidencia en una variedad de temas sociales y ambientales, y Sumofus, que se dedica exclusivamente a enfrentar al poder corporativo. En palabras del fundador de Avaaz, Ricken Patel, y que bien pueden definir el espíritu del activismo virtual: "somos mucho más que una página de Internet - nuestra tecnología es el héroe detrás de las cámaras…Este es un movimiento ciudadano único en el mundo - nos financiamos al 100% con los fondos de nuestros miembros, que al mismo tiempo, son los encargados de guiar nuestra labor. En muchos sentidos, encarnamos la esperanza de un internet que permita que los ciudadanos se auto-organicen sin la mediación de grandes corporaciones o sin ser empujados por poderosos intereses."[9]

Estas plataformas virtuales operan seleccionando un problema concreto, como por ejemplo frenar un plan de la empresa Monsanto o de una minera que pretende expandir sus operaciones en territorio latinoamericano o de cualquier otra región, y solicitan firmas de apoyo y/o donaciones dentro de su multitudinaria membresía. En base al soporte recibido, activistas proceden a realizar acciones de contención e incidencia política directamente en los lugares del conflicto y actualizan a la membresía que ha apoyado la causa sobre los resultados logrados, a veces en tiempo real filmando los sucesos.

Una de las características más prometedoras de este modelo virtual/pragmático es que cualquier persona, con solo ser miembro de una de estas comunidades virtuales, puede iniciar una acción de contención y recibir el apoyo de decenas de miles de personas de cualquier parte del mundo en apenas días. Por igual, cada año la membresía vota por los temas que considera de mayor relevancia para enfocar nuevas acciones de contención.

Este modelo de activismo presencial con apoyo masivo virtual ha sido adoptado también por ONG's de activismo confrontacional más tradicional, notablemente Greenpeace, Amigos de la Tierra y Oxfam, quienes montan sus campañas con el soporte de en ocasiones millones de los miembros de sus redes. Incluso algunas de estas organizaciones están incorporando la revolucionaria práctica de que sea la misma membresía que decida las acciones de contención a implementar, en vez que lo haga un comité de expertos a puertas cerradas en sus oficinas centrales. En el movimiento del activismo virtual se gestan silenciosamente nuevos sentidos de la democracia y ciudadanía, los cuales van reconfigurando visiones de un mundo más allá de la limitante noción de estado-nación.

A éste movimiento se suma y complementa de manera sinérgica la descentralización de los medios de comunicación. Ahora muchos ciudadanos reportan y bloguean sobre las reivindicaciones por las que luchan, en muchas ocasiones traspasando la censura de los medios tradicionales. Ya no es necesario llamar a reporteros de los grandes medios de comunicación para que un conflicto socioambiental adquiera visibilidad. El acceso a una cámara digital y estar conectado con una plataforma de difusión y/o activismo por Internet es todo lo que necesita un ciudadano para hacer que parte del mundo empiece a prestar atención a lo que sucede en su comunidad. En todo caso, publicar una noticia en un blog independiente no garantiza que recibirá la atención que necesita, y todavía los medios tradicionales mantienen la mayor influencia sobre el público general. El paso de avance es que cada vez existen más alternativas para que se escuche la voz de la población y las víctimas directas del sistema.

En acciones de contención con base masiva virtual sobresale también América Latina. A pesar de su bajo nivel de conectividad a Internet en comparación con los países industrializados posee algunas de las más altas membresías en las plataformas virtuales. Por ejemplo, al 2015, de los más de 40 millones de miembros de Avaaz, sólo en Brasil se encuentran casi 9 millones de activistas; el equivalente a la población completa de muchos países. Sin embargo, estas nuevas maneras de activismo no son una panacea. Las fuerzas destructivas planetarias en aumento demandan profundizar y expandir el potencial de contención de este dinámico movimiento transnacional.

Las acciones de contención como evidencia de una conciencia en vías de transformación

Las formas de trabajo colectivo en red y de activismo virtual de alcance global generan nuevas redes de solidaridad que por su misma naturaleza requieren de una experiencia inmediata de la tercera dimensión del Gran Giro, es decir, evidencian un cambio de percepción y de valores. Los activistas ahora reflexionan: "en mis luchas locales puedo solicitar el apoyo de personas de todo el mundo, y al mismo tiempo desde mi pequeña y aislada comunidad puedo involucrarme y apoyar acciones que suceden en otro país. Mejor aún, puedo luchar a nombre de la comunidad de toda la vida en donde quiera que se manifieste un peligro a ella."

Quizás el caso más paradigmático en donde el modelo virtual de activismo abre las puertas a niveles más amplios de conciencia es con la defensa del Ártico, que simboliza la cúspide de la locura del sistema de crecimiento industrial. Debido al cambio climático antropogénico, el hielo del océano Ártico se derrite más de lo registrado durante miles de años, permitiendo por primera vez que muchas de sus aguas sean navegables. Este hecho ha despertado una fiebre de búsqueda de combustibles fósiles en uno de los últimos grandes espacios prístinos que nos quedaban en el planeta. Lo que debería representar la señal de alarma planetaria más clara, los magnates del petróleo lo interpretan como una de sus últimas conquistas pendientes.

La defensa de la región Antártica a la que pocos humanos han visitado se convierte también en el gran espacio del activismo contemporáneo. Millones de personas se movilizan virtual y físicamente por un lugar que nunca han visto con sus propios ojos, pero que comprenden que el potencial uso de las reservas de combustibles fósiles escondidas en el fondo de sus aguas heladas representa la garantía de hacer realidad los peores escenarios de calentamiento global. Es por esto que su defensa simboliza en su máxima expresión este primer paso del Gran Giro, la protección del patrimonio común de toda la humanidad presente y futura.

Pulsando un clic en un teclado, muchas conciencias se despiertan a la certeza de que la tecnología que nos une debe ser utilizada para salvar la comunidad de la vida que nos sostiene. Que de este mundo sólo somos dueños de nuestras conciencias, y todo lo demás nos ha sido regalado. Que nuestra acciones de contención no son solamente esfuerzos reactivos para intentar detener un apocalipsis, sino la afirmación a viva voz de que podemos pasar de ser consumidores e hijos irresponsables de la madre tierra a volver a ser sus sagrados guardianes.

Tú no puedes comprar al sol.
Tú no puedes comprar la lluvia.
Vamos dibujando el camino,
vamos caminando
No puedes comprar mi vida.
Mi tierra no se vende.
Calle 13[10]

Las redes del Sur: Utopía y empoderamiento en México

Masasiui Tenorio

Hablar del Gran Giro es hablar de un cambio personal y colectivo, es hablar de un despertar a la tierra, es comprender que la situación de violencia, contaminación e injusticia que viven nuestras sociedades se basan en una sequía de amor. Éste Gran Giro nos hace voltear la mirada desde una postura alienada, indiferente, que oprime y violenta al Otro. Al voltear la mirada hacia lo Otro, hacia el Sur, germina una visión de compasión, base del surgimiento de las redes sociales en México. Enraizadas en el ambientalismo del Sur, las distintas redes presentadas constituyen esfuerzos concretos en vías al empoderamiento social, la sustentabilidad ecológica y la transformación personal. Cambiar la orientación al Sur nos embarca en una aventura con un potencial utópico enorme de compartir, convivir y construir civilizaciones que sustentan la vida.

Ésos son los cuatro vientos. Están igualmente asociados como las cuatro direcciones. La brisa es el Este. El viento frío es el Oeste. El cálido es el Sur. El viento violento es el Norte.

Carlos Castaneda[1]

Volteando la mirada, el Sur es un referente

Existen pueblos, barrios, ciudades enteras que mantienen una visión de armonía y equilibrio con la naturaleza, una visión que reconoce y valora lo "Otro." Desde todas las regiones del mundo están emergiendo otras formas de ver el mundo, otras formas de actuar en el mundo, otras formas de vivir y concebir el mundo. Algunas de ellas emergen ahora porque su resistencia y sacrificios los hacen nuevamente visibles, a pesar de ser culturas milenarias. Tal es el caso de los pueblos originarios de todas las regiones del planeta. Otras emergen desde la hibridación de las ciencias y la inclusión de saberes. Tal es el caso de la pedagogía del oprimido, el diseño hidrológico, las etno-ciencias, entre muchas más. Otras vienen siendo construidas en procesos sociales multi-culturales y transclasistas. Tal es el caso de los Foros Sociales Mundiales, los Consejos de Visiones, los Encuentros de Intervención Urbana, por mencionar algunos. Y otras inclusive provienen de las corrientes marginales de las religiones. Tal es el caso de la teología de la liberación, la corriente de Thich Nhat Hanh o de Amma.

Desde muchos frentes, desde distintas lecturas de la realidad, desde visiones que provienen de distintas direcciones, está comenzado a gestarse un giro en la mirada en el que el Sur es el referente. Es Boaventura do Santos quien utiliza al Sur "como metáfora del sufrimiento humano sistemáticamente causado por el colonialismo y el capitalismo. Es un Sur que también existe en el Norte global geográfico, el llamado Tercer Mundo interior de los países hegemónicos."[2] Y por contra posición, el Norte sirve de metáfora de la opresión y explotación histórica generada por el sistema capitalista. Esta diada va más allá de una delimitación meramente geográfica, ya que tanto en los países Sur geográfico hay un Norte metafórico y en todos los países del Norte geográfico existe un Sur metafórico.

Las visiones de armonía y equilibrio con la naturaleza en las que se reconoce y valora lo Otro vienen siendo dadas desde el Sur metafórico. Son principalmente los grupos urbanos, los pueblos, las comunidades, e inclusive naciones enteras que han sido explotad@s y violentad@s históricamente los que proponen y vivencian formas de organización social diferentes. Y muy otras.

El ambientalismo del Sur en México

El ambientalismo del Sur, siguiendo lo anterior, es la acción colectiva que proviene de grupos sociales que desde el ambientalismo miran al Sur como referente. En concreto, desde el ambientalismo del Sur están naciendo proyectos e iniciativas entre amigos que reclaman los espacios públicos para sacar la violencia y la inseguridad y reforestar o iniciar proyectos productivos, pues es en lo público, en el bien común, es donde reside la fuerza de la comunidad y la creación del tejido social. Emergen también colectivos urbanos que hacen voltear la mirada a los automovilistas sobre los derechos del peatón y el ciclista en las ciudades, o que hacen voltear la mirada a las azoteas, los balcones y los postes con plantas que nos permiten comer bien, cuidar de nosotros mismos y cambiar la sensación que deja las grises paredes de las ciudades y barrios. Emergen las organizaciones y asociaciones que trabajan directamente con los pueblos sembrando procesos sociales, fortaleciendo su autonomía y autogestión, siempre caminando a la par de las comunidades y facilitando herramientas necesarias para crecer en colectivo. Emergen cooperativas de cientos y hasta miles de familias que comercializan y procesan productos que ellos mismos siembran, cuidan y cosechan en sus territorios. Emergen formas de organización social y metodologías sociales para la autogestión, el empoderamiento y la autonomía haciendo a un lado a los Estados y la dependencia a las empresas.

Los grupos sociales que adoptan una visión ambiental compleja guían su actuar bajo una racionalidad ambiental que les permite abrirse al conocimiento del Otro. Hacer esto resalta uno de los imperativos fundamentales de nuestro tiempo: hacer una reconexión, una re-ligación, ente nosotros como seres humanos, pero también hacia con lo no-humano.[3]

Me atrevo a afirmar que actualmente existen miles de proyectos en México que pertenecen a este ambientalismo del Sur. Sólo para el caso de cooperativas productivas de tipo orgánico o sustentable, Víctor Toledo y Benjamín Ortiz-Espejel cuentan con un registro de más de tres mil cooperativas rurales apegadas a principios de sustentabilidad en los estados de Michoacán, Chiapas y la Península de Yucatán.[4] En mi trabajo de titulación registre 230 proyectos que se dedican a la promoción de la agricultura sustentable.[5] Es decir, proyectos que imparten talleres, dan asesorías y brindan capacitaciones en torno a técnicas de agricultura sustentable como lo son la permacultura, la biodinámica, la agricultura del carbón, la agricultura natural, el diseño hidrológico, la agroecología, entre otras.

Lo interesante del momento actual que estamos viviendo en México es que se están consolidando redes y alianzas de parte de una gran diversidad de proyectos que, desde distintos referentes, ideologías, filosofías y formas de ver el Sur, deciden hacer sinergia y enfocarse en lo común. Son redes que articulan academia, pueblos, activistas, empresarios, estudiantes y amas de casa en torno a temas como la denuncia de las afectaciones a los territorios por parte de industrias y megaproyectos, la creación de redes de productores y consumidores que se inventan monedas alternativas, redes de educación horizontal que buscan compartir y facilitar conocimientos como la medicina alternativa, las eco-tecnologías, el manejo de software libre, entre muchas otras temáticas. Éstas redes empoderantes fomentan la autonomía del individuo y de los colectivos para salir de la dependencia a las empresas transnacionales.

Las Redes ambientales de México

Dentro de la gran gama de ambientalismo que giran su mirada al Sur, a continuación se describen cinco "redes de redes" presentes en México, que impulsan eventos, organizaciones y proyectos colectivos que fomentan la construcción de otros mundos posibles. Cada una de las redes tiene diferentes objetivos y aglutina distintos sectores.

Red de Ecosistemas Sociales (RedES)

Esta red surgió en el zócalo de la ciudad de México del Foro Social Mundial regional en el 2008. En septiembre de ese año se realizó el primer Encuentro de Ecosistemas Sociales—o Diálogos Ecosistémicos—en la primera sección del Bosque de Chapultepec para vincular activistas orientados a temas económicos, ambientales, de vivienda y migrantes. Cada cuatro meses se ha realizado un encuentro de ecosistemas sociales en la Quinta Colorada, Chapultepec, avanzando en el proceso de comunicación de líderes de distintas redes temáticas del país e internacionales.[6]

> En los Diálogos participan humanistas, intelectuales, educadores, ecologistas, promotores sociales y realizadores culturales...En ellos, las iniciativas y personas participantes han adquirido mayor conciencia sobre la injusticia social, cuestionando los poderes establecidos y asumiendo iniciativas de organización alternativa tanto en el campo como

en la ciudad. Estas iniciativas han estado centradas en la realización de un Sujeto autogestivo y pluralista a partir de las mayorías marginadas, los indígenas, los campesinos, los trabajadores urbanos, los pobladores de barrios así como los migrantes en tránsito...mediante la educación de adultos, la organización de base, la movilización masiva...con acciones abocadas a los derechos humanos, el rol emergente de la mujer, el medio ambiente, la sociedad civil ante los poderes dominantes...aplicando principios como la cooperación, la solidaridad, la sostenibilidad, la subsidiaridad...y descartando actitudes paternalistas, asistencialistas, oportunistas, así como evitando la confusión con partidos políticos y con las múltiples maniobras de carácter mercantilista y meramente lucrativas...en este quehacer, la labor de agentes provenientes de las clases medias resulta muy importante.[7]

Asamblea Nacional de Afectados Ambientales (ANAA)

La ANAA nació en el 2008 en el auditorio Ho Chi-Minh de la Facultad de Economía de la UNAM cuando múltiples luchas comunitarias y populares en defensa de los recursos naturales, el territorio y los derechos de los pueblos decidieron que era necesario comenzar a combatir la dispersión e invisibilidad de sus luchas.[8]

La propuesta de la ANAA busca ser también integral, pues reconocemos que solamente si en las luchas estamos juntos podremos frenar y revertir esta situación. Por ello la ANAA es un espacio vivo de encuentro de todos los barrios, pueblos, comunidades, organizaciones y movimientos que a lo largo de los últimos años (o incluso décadas), tanto en el campo como en la ciudad, hemos luchado contra el proceso de degradación, destrucción y despojo de nuestras aguas, aires, suelos, bosques, biodiversidad, semillas, salud y convivencia.[9]

La ANAA está compuesta por 31 luchas y 21 organizaciones distribuidas en todo el país, las cuales se agrupan en los siguientes temas: 1) Agroindustria, 2) Agua, presas y ríos, 3) Basura y residuos tóxicos, 4) Biodiversidad y pueblos indígenas, 5) Cambio climático, 6) Desarrollo urbano y megaproyectos, 7) Energía y petróleo, 8) Maíz, 9) Minería, 10) Playas, y 11) Presas y represas.

Entre muchas otras acciones, documentaciones y eventos que ha realizado la ANAA destaca la colaboración en la realización en México del proceso del Tribunal Permanente de los Pueblos. A partir del 2011 y hasta el 2014, la ANAA co-organizó 14 pre-audiencias en temáticas de urbanización salvaje, carreteras, agua, represas, minería, basura, agroquímicos, petróleo, restos nucleares, derechos de los pueblos y salud como parte del eje de "Devastación ambiental y derechos de los pueblos." De éstas pre-audiencias y la audiencia final se recogieron 169 casos escritos y 55 testimonios orales en los que se describen las afectaciones ambientales, su historia, los actores responsables y las posibles maneras para resarcir el daño.[10]

Consejo de Visiones y Consejo de Asentamientos Sustentables de las Américas (CASA)

La idea del Consejo de Visiones Guardianes de la Tierra surge en 1990 en la eco-aldea Huehuecóyotl durante el "Encuentro sobre la Naturaleza de los Guardianes de las Tradiciones Sagradas y Científicas," en el que participaron representantes de movimientos ecologistas, grupos espirituales, naciones indígenas, científicos y artistas.[11]

El Consejo de Visiones fusiona ideas y conceptos de los movimientos bioregionalistas de América del Norte, del movimiento arcoíris y de la Federación Internacional de Comunidades Intencionales con la finalidad de crear un

> evento familiar no lucrativo encaminado a la concientización de nuestra gran responsabilidad de restaurar y proteger activamente el medio ambiente, las culturas originales, la salud integral de la familia y la comunidad. Este encuentro de aprendizaje, de trabajo social y de crecimiento colectivo y

personal, busca fomentar los valores y las disciplinas que se requieren para vivir un presente sustentable.[12]

De 1991 a la fecha se han realizado 14 Consejos de Visiones en territorio nacional. En todos ellos se reúnen por una semana distintos movimientos sociales, indígenas y espirituales para construir un campamento ecológico bajo el concepto de "Aldeas Temporales de Paz." Durante los Consejos de Visiones todo se realiza de manera autogestiva; desde la construcción del campamento y la elaboración de los alimentos hasta el programa de actividades.

Fue del 6to Consejo de Visiones y 1er Consejo Bioregional de las Américas realizado en 1996 en Meztitla, Morelos, que surge la Caravana Arcoíris por la Paz. La Caravana lleva el diseño del Consejo Bioregional y el Consejo de Visiones a las tres Américas, visitando México, Guatemala, Honduras, El Salvador, Nicaragua, Costa Rica, Panamá, Colombia, Venezuela, Ecuador, Perú, Chile, Argentina, Uruguay y Brasil para impulsar la creación de Consejos de Visiones, de Aldeas Temporales de Paz y conciertos como el Pachamama en Santiago de Chile.[13] La Caravana también inspiró la creación de Consejos de Visiones en América Latina.

Y ahora después de la realización de varios Consejos en diferentes países latinoamericanos y de realizar varios encuentros planetarios, en enero del 2012, durante el Primer Encuentro Latinoamericano de Ecoaldeas celebrado en Colombia (Llamado de la Montaña), se formó el Consejo de Asentamientos Sustentables de las Américas (CASA). Esta red se entiende como una evolución de la Red de Ecoaldeas de las Américas (ENA, por sus siglas en inglés), la cual, durante los últimos 15 años, ha realizado un trabajo pionero en la promoción de estilos de vida sostenibles en el continente americano.[14]

La red CASA busca responder a las necesidades y realidades de Latinoamérica al enlazar un amplio rango de personas, iniciativas, proyectos, y organizaciones que trabajan en favor de la sustentabilidad y regeneración de los sistemas ecológicos, económicos y sociales. CASA tiene como propósito crear puentes y vínculos entre grupos muy diversos, lo cual se visualiza como una flor con cinco pétalos (ejes de trabajo): proyectos con énfasis rural, proyectos con énfasis urbano, organizaciones que representan o trabajan en la promoción de la sustentabilidad, nomadismo sustentable y educación para la sustentabilidad.

CASA-México se gesta en noviembre del 2012 en el proyecto Niérika. Se contó con la participación de 25 activistas de diferentes edades, procedencias y ocupaciones, representando con sus proyectos a uno o más de los cinco ejes temáticos de CASA. La red mexicana trabaja en torno a cuatro ejes temáticos: Economía y finanzas, Organización y gobernanza, Educación y comunicación, Procesos internos y Gobernanza.

A un año de gestarse CASA se han realizado 3 Encuentros de Educación para la Vida en la Península de Yucatán, Encuentros Bioregionales en Veracruz, Distrito Federal, Michoacán y Chiapas, así como la vinculación con otras redes como Transición México.[15]

Transición México

El denominado "movimiento de transición" surgido en Inglaterra e Irlanda en el 2004-2005 como respuesta al cenit del petróleo y al cambio climático ha llegado a México.

Las iniciativas de transición proponen una repuesta creativa "de abajo hacia arriba" a los multifacéticos desafíos del cambio climático y cenit/descenso energético, fortaleciendo las estructuras locales de las familias, vecindades, barrios, pueblos o ciudades y explorando una visión positiva, empoderante y transformadora para diseñar las comunidades del futuro.[16]

Hoy en día, la red de transición está compuesta por 479 iniciativas en todo el mundo.[17] En México, los primeros intentos por conformar iniciativas de transición entre el 2008 y el 2009 fueron realizados por Robert Frey, Tobías Gogolin, Gonzalo Rodríguez y Edgar Arturo Olivo. Posteriormente, a finales del 2012, Raúl Vélez del colectivo Ruta Ahimsa de Querétaro impulsó la realización de reuniones para la conformación de grupos motores para las iniciativas de transición. Estas reuniones se realizaron en Querétaro capital, León (Guanajuato), Valladolid (Mérida), Tulum y Playa del Carmen (Quintana Roo), Erongaricuaro (Michoacán) y Tepoztlán (Morelos). De las reuniones surgieron las iniciativas de transición en Querétaro, Playa del Carmen y

Tepoztlán, que desde el 2014 se encuentran articuladas en la organización en red que hoy se conoce como Transición México.

Dentro de las acciones que ha realizado esta red se encuentra el Festival "Reconomía: re-activando la abundancia local" realizado en Tepoztlán, Querétaro y Playa del Carmen en febrero y marzo del 2015. Por otro lado, se encuentran los entrenamientos tipo "launch" realizados en México, Argentina y Bolivia en los que se han detonado procesos de consolidación, recibiendo el apoyo e interés por parte del público en general, organizaciones diversas y algunos alcaldes (como es el caso de las autoridades de Samaipata, Bolivia, donde el alcalde de la ciudad y vari@s concejales han participado del taller de transición en ese país).[18]

Cabe mencionar los pensamientos de Raúl Vélez acerca de la transición en México, que nos hacen reflexionar sobre el papel de los campesinos y pueblos originarios y cómo ellos también han vivido esta transición.

> El médico del mundo, el campesino(a) en estas latitudes nos guardó la joyita necesaria para emprender la transición junto con el azadón y la pala. Acá la transición tuvo que ser nacida descalza....Pareciera mentira que nuestra transición, la descalza, siempre estuvo ahí todo este tiempo en cada rincón de cada pueblo latinoamericano, en cada lengua materna que no quería dejar de ser hablada, en cada montaña que deseaba ser caminada, nuestros saberes estuvieron ahí aguardándonos como enciclopedia consagrada en nuestros sabios ancianos y ancianas, esperando el momento para guiarnos para la vida post-petróleo. Al principio fue difícil encarar el desabasto energético, al haber creído nuestros pueblos en la promesa incondicional del progreso, pero la crisis fue nuestro principal aliado…¡Bendita crisis! Ya que sin ella no hubiéramos despertado de ese largo sueño de ceguera e indiferencia.[19]

Autogestival

El Autogestival es una idea colectivizada desde agosto del 2013 que nace y crece en diciembre del mismo año con la voluntad y solidaridad de las personas con la intención primera de vincular y compartir trabajo entre individuos, colectivos y cooperativas autogestionadas. En base a los realizadores de la iniciativa, el Autogestival es:

> un encuentro de intercambio y estudio con proyectos autogestionados o en transición a la autogestión, con el objetivo de exponer, compartir, intercambiar, compilar y difundir herramientas, metodologías y experiencias de autogestión.[20]

Después de lanzar en conjunto la convocatoria a proyectos autogestivos de la ciudad de México, el encuentro se lleva a cabo en Casa Talavera (Espacio cultural de la UACM) en donde participan más de 60 esfuerzos.[21]

Actualmente, teniendo como sedes el Chanti Ollin y la Universidad Obrera de México, el Autogestival trabaja en torno a las siguientes temáticas: economía solidaria, ecología y medio ambiente, salud autogestionada, hagámoslo nosotr@s mism@s, mapeo de esfuerzos, l@s niñ@s deciden, tecnologías libres, derechos humanos y sociales y medios libres.

✿✿✿

Las redes de redes descritas anteriormente no son todas las que existen en el país. Están, por ejemplo, las múltiples redes en torno a la soberanía alimentaria que se han detonado en los últimos meses a causa de la amenaza de introducir maíz transgénico al país, como lo son: La Red Autónoma para la Soberanía Alimentaria de Oaxaca, La Red de Soberanía Alimentaria de Morelos y Michoacán en Defensa de la Soberanía Alimentaria. Están también las redes maduras en defensa del maíz: Sin Maíz no Hay País y la Red en Defensa del Maíz. Asimismo existen las múltiples redes de economía solidaria que fomentan el cooperativismo y las monedas alternativas y que se reúnen en la Feria Nacional Vida Digna donde participaron 230 productores en la feria del 2014 que utilizaron el Mezquite por dos días, generando un valor económico de $20,000 sin necesidad de utilizar pesos. En este foro también se han presentado las diversas monedas alternativas existentes en el país, incluyendo: Tláloc, Mixiuhca, Fausto, Tumin, Kuni, Itacate y Verdillete. Y por último, está la Red Ecologista Autónoma de la Cuenca de México (ECOMUNIDADES) que destina sus esfuerzos a la realización de Encuentros Nacionales de Decrecimiento. Muchas nuevas redes temáticas están surgiendo año con año.

Andando en la transición y la construcción de sociedades utópicas

Las redes presentadas están constituidas por sujetos, proyectos y organizaciones que buscan construir proyectos comunitarios que aporten a la regeneración del tejido social, ese que es tan necesario para la construcción de una ciudadanía y que nos permite mejorar nuestras condiciones de vida. En esos proyectos comunitarios se busca la autonomía, la autosuficiencia alimentaria, la economía social y solidaria, la pluralidad y la diversidad para la creación de sistemas resilientes, la cooperación y solidaridad horizontal, la construcción de alternativas tecnológicas, económicas y educativas y la cultivación de una espiritualidad personal que permita re-descubrirnos hacia/con la Madre Tierra. Estas tareas se van co-construyendo a través del diálogo de saberes, de la escucha activa, de la convivencia y la creatividad, a veces adoptando marcos metodológicos pero muchas otras inventando otros a partir de necesidades reales y respuestas creativas al cambio.

Estas sociedades en movimiento y de énfasis ambiental forman parte de lo que se conoce como la transición histórica global.[22] Esto implica la confluencia de iniciativas aparentemente sin ilación, desde abajo hacia arriba, y de iniciativas globales diversas para generar el utópico cambio.

> Una fuerza de este tipo traería consigo un marco común de amplios principios basados en valores compartidos, impulsados a través de las actividades de comunidades educacionales, espirituales y científicas. Un marco común en el contexto de

una transformación holística de la estructura de la sociedad y de su relación con la naturaleza.[23]

Lo que caracteriza a una utopía es su pretensión de romper el orden establecido e imaginar otro distinto. Así por ejemplo, si un grupo de personas está inconforme con ciertas instituciones en las que vive, puede imaginar otras y erigir nuevos modelos en contra del sistema establecido. Pero no se trata de la imaginación mesiánica de un pensador solitario. Como bien dijo Thich Nhat Hanh hace algunos años, "el próximo Buda surgirá de la comunidad." Y hay una gran diversidad de utopías gestándose allá afuera en los territorios, en esas filosofías existentes, sociedades en movimiento, redes solidarias, economías populares, comunidades que han entretejido relaciones armónicas con su entorno y gobiernos que sirven a su pueblo.

Las sociedades utópicas, sociedades que se encuentran en constante movimiento y que le apuestan a los sentidos comunitarios y/o colectivos, ya cuentan con bases sólidas en México a diversas escalas territoriales. A pequeña escala podríamos mencionar, por ejemplo, a la pequeña comuna autogestiva en la capital del país Chanti Ollin en la que mantienen una panadería comunitaria, un Taller de Tecnologías Apropiadas del Chanti Ollin (TTACO) para la producción de alimento, un estudio comunitario de música, su azotea verde, su caravana cultural Hijos del Maíz, además de la realización de múltiples eventos autogestivos en los que promueven modelos alternativos.

A escalas regionales podríamos mencionar las "regiones que caminan hacia la sustentabilidad" presentadas por Toledo y Ortiz-Espejel,[24] así como otros procesos más vinculados a temáticas de identidad, cosmovisión, o seguridad. Algunas de estas regiones incluyen: La Sierra Norte de Oaxaca, Sierra Norte de Puebla, Wirikuta, las Autodefensas en Guerrero y los Caracoles Zapatistas.[24,25] En éstas regiones se vive la construcción diaria de organizaciones sociales alternativas tanto en su estructura como en sus metodologías y formas alternas de relación social.

En las regiones mencionadas se vive una vinculación y articulación viva entre diversos grupos estatus y sectores de la sociedad. Los campesinos e indígenas vinculados con académicos comprometidos con la sociedad, con los estudiantes e investigadores militantes y con las ONG's y OSC's que voltean al Sur para guiar sus pasos.

Estos son los esfuerzos principales de las sociedades en transición en México. Las variadas iniciativas sirven de referencia y guía; son centro de emergencia, creatividad y experimentación, son palabra viva y corazón latiente. "Todas las utopías tienen horarios, tiempos, y es tan desalentador reducir la realidad a lo que existe, que yo pienso que nuestro tiempo es realmente el tiempo de la utopía."[26] Los distintos proyectos se inspiran y alientan mutuamente en la construcción del Otro mundo posible, en el que la utopía nos permite reinventar el sistema a través de la cohesión social diversa, autónoma y resiliente.

Sembrar en tierras fértiles: La ecología profunda en Colombia

Helena Ter Ellen

Desde que descubrí el Trabajo que Reconecta (TQR) en el 2008 he so-
ñado con ofrecerlo en Colombia por el gran amor que tengo por esa tierra
generosa y sus pueblos. En un país como Colombia donde el conflicto
armado de más de 50 años ha arrasado el paisaje exterior e interior,
el TQR toma un sentido particular: asiste en la preparación ante un
futuro planetario incierto y en la curación de las heridas de la guerra
que el Trabajo permite sacar a la luz y cicatrizar. Gracias a un maravi-
lloso encuentro con Felipe Medina, presentamos la visión de la ecología
profunda, tan inspirada por la sabiduría de los pueblos indígenas, en el
"Llamado de la Montaña" para luego explorarla a fondo en tres tall-
eres con una gran diversidad cultural. Una experiencia que nos permitió
escuchar el grito de la madre tierra, pero que también nos inspiró a ir
tejiendo sus sueños multicolores.

Colombia, que lleva ya 50 años en guerra,[1] ocupa un lugar especial en mi corazón. Esta historia comenzó en el 2002 y está especialmente marcada por mi compromiso con las Brigadas de Paz.[2] Durante un año conviví con una comunidad de paz afrocolombiana de Cacarica en el Chocó. Esta inolvidable experiencia me haría vivir en carne propia el verdadero significado de las palabras "valor" y "determinación." Mi admiración por la enorme capacidad de resistencia de las comunidades y los activistas de este país siguió en aumento en los numerosos viajes que hice los años siguientes. Por ello, no es de extrañar que, desde que descubrí el Trabajo que Reconecta (TQR) desarrollado por Joanna Macy,[3] soñaba con poder ofrecerlo en Colombia. Pero, ¿cómo hacerlo?

La vida hace bien las cosas: Un coequipero aparece al horizonte

El muy fructífero encuentro con Joanna Macy en julio del 2013 en Hardwick (Gran Bretaña) hizo brotar en mí la confianza y energía necesarias para hacer realidad este sueño. Cuando me estaba preparando para lanzarme sola (sin Corinne ni Gauthier, mis dos habituales coequiperos de nuestra asociación belga Terr'Eveille) se dio una asombrosa coincidencia. Un joven colombiano, Felipe Medina,[4] muy comprometido con el objetivo de la paz, se puso en contacto con Joanna para invitarla a compartir el TQR en Colombia.

Joanna, informada de mis proyectos, propuso a Felipe que se pusiera en contacto conmigo. La conexión se estableció rápidamente y enseguida sentimos la afinidad de nuestras intenciones, incluida la de poder involucrar en el trabajo a víctimas de la guerra y activistas de escasos recursos. La lista de participantes potenciales era larga. Pero, ¿dónde encontrar los fondos necesarios? Y de nuevo la vida hizo bien las cosas: una asociación amiga belga, Biloba, adepta del TQR, propuso apoyar nuestra misión. Esto nos permitió ofrecer veinte becas, entre otras personas, a mujeres desplazadas por la violencia (Colombia tiene casi 6 millones de desplazados internos). Y un último detalle importante. Felipe propuso un centro ecológico construido por su familia, perfecto para llevar a cabo los talleres, llamado La Minga[5] en Choachí, a 2 horas y 99 curvas de Bogotá. Tras cinco meses de preparación entre Bruselas y Bogotá (¡viva skype!), la aventura por fin pudo comenzar. Aterricé en Colombia a mediados de diciembre del 2013.

El Llamado de la Montaña

En pleno apogeo de las fiestas de Navidad, nos pusimos en marcha con un mini-taller en el HUB de Bogotá que tuvo buena acogida. Le siguió un festival de aldeas ecológicas a principios de enero, El Llamado de la Montaña, en el que participé como oradora invitada. Este festival es considerado como un lugar de encuentro anual para impulsar una transición hacia una nueva humanidad. Me llamó la atención la creatividad y la inteligencia que allí se podían palpar.

El Llamado de la Montaña fue una maravillosa oportunidad para presentar la esencia del TQR a un numeroso público: 300 personas de diferentes comunidades, incluidos indígenas. La visión de la ecología profunda en la que se basa el TQR entró realmente en resonancia con la cosmovisión de los pueblos originarios, que constituye una de sus fuentes de inspiración. En los dos mini-talleres del TQR que se propusieron durante el festival encontramos a los últimos participantes necesarios para completar tres talleres de cuatro días que programamos Felipe y yo. Así, durante las tres semanas siguientes dimos a conocer la espiral del TQR[6] en tres círculos diferentes, dos en Choachí y uno en Barichara, a 9 horas de Bogotá.

Primer círculo: La mina de oro de la diversidad

Cada círculo tuvo su particularidad. En nuestro primer taller participaron, entre otras personas, 5 mujeres afrocolombianas desplazadas, líderes de barrios pobres de Bogotá, un rapero ecologista, una pareja de permacultores, un cura jesuita, un actor de teatro, una asesora empresarial y tres niñas. ¡Un grupo variopinto y un bonito desafío!

La presencia de las mujeres afrocolombianas, que crecieron trabajando en la mina de oro artesanal de Buenaventura y que han tenido que desplazarse en seis o siete ocasiones a causa de la violencia, fue muy enriquecedora. Están decididas a perdonar y a reanudar sus vidas con esa energía y alegría contagiosas que les caracteriza.

Este primer círculo sirvió como un auténtico punto de acupuntura para esta tierra colombiana, tan hermosa y tan maltratada. Se abrió un espacio de encuentro entre personas de clases muy privilegiadas y otras procedentes de barrios totalmente abandonados por el Estado donde reina la violencia y la miseria. Qué bendición descubrir el amor que sienten por la vida, cantar junto a una hoguera vespertina sus esperanzas o sus iras en un rap o un bullerengue. Todos parecían darse cuenta de la increíble riqueza que representa la diversidad multicultural de su país, y del poder de curación que se desprende de este arco iris.

El "Mándala de la Verdad" (ritual clave del TQR) brinda a algunos la posibilidad de expresar su sufrimiento en total confianza por primera vez. La necesidad de compartir, a corazón abierto, en este país atormentado fue evidente. Con mucha frecuencia quienes sufren por la guerra y sus consecuencias (sobre todo en el campo) se callan por temor a las represalias. Y otros, más alejados del conflicto, tampoco hablan, como si la cruel realidad de Colombia les hubiera anestesiado.

Pero el Trabajo que Reconecta no permite únicamente crear espacios para expresar nuestro sufrimiento y nuestras verdades. Los talleres contribuyen también a alimentar e impulsar nuestros sueños por la tierra, por Colombia.

Hamid Nativo (de 32 años), rapero militante de gran corazón, logró curarse de un cáncer gracias a la medicina alternativa. Ahora trata de movilizar a los habitantes de su barrio, San Cristóbal, situado en una zona pobre del sur de Bogotá, para limpiar y proteger el río Fucha que lo atraviesa, muy contaminado y amenazado por proyectos inmobiliarios. Hamid pone ahora la fuerza de sus canciones y de su evidente liderazgo al servicio de la curación de las aguas y de la tierra.

En otro barrio abandonado y violento, Ciudad Bolívar, las niñas, para escapar de la pobreza o debido a la violencia imperante, se prostituyen por un puñado de monedas. A Fidelina, abuela afrocolombiana de ojos brillantes, esta realidad le destroza el corazón. Han perdido ya tanto en esta guerra. No va a permitir que le quiten su dignidad. Está pensando en crear un comedor familiar con sus hijas. Este comedor podría ser su fuente de ingresos, pero sobre todo podría convertirse en un refugio; una especie de laboratorio cultural donde los jóvenes en dificultad podrían aprender a hacer teatro y música. En el menú: una cocina pacífica que tanto les hace falta, preparada con verduras de huertos urbanos que habría que poner en marcha en ciudad Bolívar. La energía ya la tienen, les falta ahora un local y el material. En el círculo empiezan a surgir ideas para recaudar fondos y enseguida se forman alianzas creativas. El sentido de interdependencia y una mirada sistémica, tan fundamentales en el Trabajo que Reconecta, se materializan—estamos todos en el mismo barco.

Entretanto, mi coequipero Felipe va entrando en el espíritu del TQR con una naturalidad y justeza impresionantes. Nuestra complicidad va adquiriendo forma. Imaginamos ya para los siguientes círculos algunos ajustes para una mejor adaptación al temperamento colombiano: bienvenida la improvisación teatral, la danza…¡a menearse!

Segundo círculo: Guardianes de la madre tierra desde siempre

La magia del segundo círculo se debió, en particular, a la presencia de dos indígenas: Fernando, del pueblo Nasa del Cauca, conocido por la resistencia pacífica de su guardia indígena, y Gloria, mujer Uitoto del Amazonas. Compartir en profundidad con quienes defienden con tanta dignidad y perseverancia la madre tierra es un privilegio. Ellos, a su vez, se emocionan al escuchar a "blancos" (descendientes de los colonos) expresar su amor y sus penas por la tierra, ya sean los activistas de la Alianza Pachamama en Colombia o los biólogos que se preocupan por las mariposas para preservar la biodiversidad.

Las lágrimas derramadas en el Mándala de la Verdad tienen un sabor sagrado; aquí, claramente, se trascienden nuestras penas personales. Escuchamos sin pestañear a Fernando, de pie en el Mándala, con el palo entre las manos, que vuelve a prometer que los Nasa defenderán la madre tierra (*Sa'th Tama Kïwe*) incluso aunque tengan que sacrificar su vida. No son sólo palabras: cada tres días, como media, los Nasa pierden a un miembro de su pueblo en esta resistencia no-violenta. Entonamos con él: "¡por la Tierra! ¿hasta cuándo? ¡hasta siempre!"

El rito permite a varias personas del círculo desbloquearse, superar su impotencia y encontrar un sentido a su camino. Oír a Gaia gritar dentro de nosotros, y también escucharla soñar en nosotros. ¡Y cómo sueña en Colombia! Descubro maravillada que incluso los miembros más jóvenes tienen ya proyectos visionarios y se toman su compromiso apasionadamente en serio.

Mauricio, por ejemplo, tiene 22 años y sigue un camino autodidacta: permacultura, bioconstrucción, yoga, meditación, artes marciales, música, etc. Ha heredado tierras, no lejos de Bogotá. Quiere destinarlas a la agroecología y crear un centro educativo donde puedan transmitirse la sabiduría oriental, pero también la cultura indígena, fieles a su tradición. Las sesiones de meditación que propone al amanecer nos muestran un "guerrero de luz" ya muy consciente y bien arraigado.

Daniel, por su parte, llega al taller totalmente desanimado, cabizbajo. Mientras se opera en él la reconexión se levanta otro hombre, que emerge de la vulnerabilidad, que irradia y muestra potencia. Se promete convertirse en un ejemplo vivo de los valores que defiende, en particular, cambiando sus hábitos, su consumo. Y crear círculos para compartir con sus amigos, para "mambear," para buscar la palabra auténtica.

Mónica acompaña a los pueblos indígenas en el Amazonas colombiano, donde las comunidades gimen bajo la apisonadora del capitalismo y se desintegran rápidamente. Se siente profundamente afectada por el aislamiento de algunos hombres medicina (taitas) que podrían morir sin haber podido transmitir sus conocimientos. Quiere establecer "líneas de vida" para que los jóvenes indígenas y los jóvenes desorientados procedentes de las ciudades puedan reunirse y recibir esta sabiduría vivificante. Sentimos que, entre todos estos proyectos, hay que tejer lazos. Las dos águilas que sobrevuelan el jardín el último día del taller lo concluyen con cierta majestuosidad.

Tras la intensidad de los talleres organizados en esta zona montañosa, regada por la abundante agua de sus cascadas cercanas, ha llegado el momento de despedirnos del entrañable equipo de la Minga. Nos espera un viaje de 9 horas en autobús para llegar hasta nuestro último taller, hacia el Noreste en dirección a Barichara, uno de los pueblos coloniales más antiguos de Colombia.

Tercer círculo: Reconexión con el origen

En Barichara, Gaby y su familia nos acogen en un centro espacioso que ha vuelto a abrir recientemente, Corasoma. Como fondo las montañas y tierras más bien secas. ¡Aquí reina el elemento fuego! Una parte del equipo de Origen Circular,[7] el movimiento por la paz iniciado por Felipe, asiste al taller, oportunidad que les brinda la ocasión de impregnarse del espíritu del Trabajo Que Reconecta y de imaginar cómo podrían aplicar esta metodología en situaciones de construcción de paz.

Los participantes en este círculo, muchos jóvenes, son ya todos auténticos catalizadores del Gran Giro: su nivel de conciencia y conocimiento es impresionante. Su compromiso desinteresado me conmueve profundamente, así como la portentosa creatividad que derrochan, ya sea en innovación ecológica o en música que reconecta con la tierra, en cuidados corporales, reciclado de plásticos o defensa de las semillas nativas, en artesanía consciente o apoyo psicosocial a las comunidades, así como en la puesta en marcha de la primera iniciativa de transición en Villa de Leyva.

Esta vez, el Mándala nos reserva una sorpresa a Felipe y a mí. Aunque para la mayoría, el hecho de compartir su dolor, ligado sobre todo a la guerra, permite alcanzar una liberación profunda, algunas personas no consiguen conectarse con sus emociones. Una participante se siente simplemente desconcertada por lo que estamos haciendo: "a todos nos ha maltratado la vida en algún momento, ¿pero qué esperamos para seguir adelante? ¿por qué revolcarse en el dolor?" Una pregunta totalmente legítima en estas tierras donde queda tanto por construir. Pero un país que ha conocido casi cincuenta años de guerra, ¿puede pasar la página sin antes leerla?

Es un momento delicado. Concluido el Mándala, agradecemos a todos y cada uno de los participantes por haber expresado su dolor profundo en nombre de las generaciones pasadas y también de las venideras, en nombre de Gaia, que impone su presencia en el taller. Por la tarde, Felipe y yo decidimos proponer un juego de roles para simular encuentros entre verdugos y víctimas de la guerra en Colombia. Emprendemos este difícil ejercicio de escucha y compasión bajo un árbol que emana una gran dulzura.

En el círculo de cosecha que tiene lugar al anochecer parece que se ha producido una auténtica realización. Hablo de todos mis periplos a través de Colombia, de la "ley del silencio" con que me he encontrado en tantas ocasiones: "a boca que no abre, tiro que no entra." Un silencio completamente comprensible, ya que el Estado colombiano no ofrece seguridad alguna a las víctimas y la impunidad es casi total. Pero para nosotros, el callarse no ayuda a reparar el tejido social colombiano. Por ello nos resulta tan importante ofrecer un espacio de expresión que permita restaurar la confianza mutua. Quizás a veces, cuando todos parecen encerrados en sus historias, iras y dolores, se necesiten parteros venidos de fuera.

Comparto también con el círculo unas palabras de Joanna Macy. El Trabajo que Reconecta nos ayuda a crear un "rough weather network," una red resistente y solidaria en la que apoyarnos cuando llegue la tormenta. En países como Colombia, donde los conflictos armados han arrasado el paisaje exterior e interior, este trabajo, creemos, tiene incluso más sentido. Se trata, por una parte, de prepararse ante un futuro en la tierra para todos incierto, y por otra, de curar las heridas de la guerra, ya sean visibles o invisibles, que este Trabajo permite sacar a la luz y cicatrizar.

Por su parte, Felipe habla de ese riesgo llamado apatía o anestesia como una de las enfermedades de Colombia. Él la ha padecido personalmente y quiere contribuir a ultranza a su transformación. A sus 24 años ya da muestras de una sabiduría y un liderazgo impresionantes, fruto de una formación autodidacta a través de viajes, encuentros, libros y de su comunión profunda con Gaia.

Para clausurar este taller rebosante de música, entonamos un canto junto a un manantial que Gaby acaba de descubrir. ¡Qué don del cielo! En el círculo de clausura, cuando escucho los testimonios de los participantes, profundos y conmovedores, constato hasta qué punto el Trabajo nos ha reconectado con nuestra esencia y ha restituido vínculos auténticos. Y pienso con inmensa gratitud en Joanna por haber ofrecido al mundo, de forma tan generosa, el Trabajo que Reconecta.

✵✵✵

Bajo un palo de mango, Felipe y yo sellamos un pacto de alianza: ¡Es evidente que nuestra aventura común no ha hecho sino comenzar! Vuelvo a mi vida en Bélgica pletórica y con una enorme alegría de corazón. En las tierras sedientas y fértiles de ese país que tanto amo, Colombia, no cabe duda que las semillas del Trabajo Que Reconecta han sido sembradas.[8]

Noviolencia integral y su vigencia en el Área de la Bahía, California

Francisco "Pancho" Ramos Stierle

La entrevista presenta las dimensiones personales, sociales, políticas, ecológicas y revolucionarias de la "noviolencia integral." Los diferentes planteamientos giran en torno a valores universales de conciencia como la pauta a seguir en la creación de sociedades eco-anárquicas en las que prevalece la paz, tanto interna como externa, el pluralismo, la sustentabilidad y el amor. Éstos valores son encarnados en la Casa de Paz, localizada en el Área de la Bahía, California, parte del imperio denominado Estados Unidos de América. La radical propuesta de la noviolencia integral esposa acciones específicas en beneficio a la Tierra y sus habitantes como la regeneración del tejido social, la producción local de alimentos, el veganismo, la economía de regalo, acciones de desobediencia civil y la práctica del silencio contemplativo. En su conjunto, éstas y otras prácticas conducen a la revolución total del espíritu humano al honrar la tierra, el alma y la sociedad.

1. ¿Cuál consideras que es la vigencia de la No-violencia como práctica cotidiana y política para la transformación y humanización del planeta Tierra?

No podría ser más vigente. Ahora más que nunca es cuando necesitamos encarnar valor, humildad, sabiduría y amor radical. Todo al mismo tiempo. Para empezar y para que nos entendamos, déjame explicar por qué la verdadera no-violencia no es dos palabras sino sólo una. *Ahimsa* (no-violencia) no es sólo la ausencia de violencia, no es simplemente la negación de hacer daño, sino que es algo infinitamente mayor: es cuando nuestro corazón está tan lleno de amor, tan lleno de valor, de perdón, de generosidad, de amabilidad y de compasión que ya no hay lugar para el odio, el resentimiento ni la violencia. No es algo negativo doble sino que es algo ¡positivo superlativo!

La no-violencia es una llamado a desobedecer leyes, tratados e instituciones inhumanas; es un llamado a obedecer la ley del amor; es un llamado para no controlar el enojo, si es que se manifiesta, sino expresarlo con disciplina para tener máximos efectos; es una fuerza positiva; es amor en acción; son los pensamientos que tenemos, las palabras que usamos, las cosas que hacemos, la ropa que nos ponemos, la comida que comemos... ¡es un modo de vida!

Dicho esto, es mi más profunda intención que podamos mantener el movimiento no-violento como "noviolento" (una sola palabra). La noviolencia de Gandhi, la noviolencia de Martin Luther King Jr., la noviolencia de César Chávez, de Dolores Huerta, de Aung San Suu Kyi. La noviolencia que nos hace valientes e imparables.

En otras palabras, abrazar este tipo de práctica nos acerca más a convertirnos en ciudadan@s y campesin@s del Mundo, cuidando no sólo de la humanidad, sino también de la Tierra misma, porque nosotr@s somos parte de ella.

2. ¿En el país más consumista del mundo, donde millones de desposeídos de ojos claros y pieles blancas han perdido sus hogares y trabajos, y viven dependientes de drogas farmacéuticas, ¿qué perspectivas de cambios estructurales puedes percibir, sentir?

Para mí ya no existen los países. Si existe un país, ese es la Tierra misma. Si podemos empezar a borrar las fronteras en nuestras mentes y corazones será más factible que empecemos a borrar las fronteras sin sentido que ponemos en suelo. Sin países, pero apreciando nuestras diferentes culturas. Esto es, honrando la unidad a nivel del corazón pero la diversidad a nivel de la superficie nos daríamos cuenta que lo que está pasando en la parte del Planeta que llamamos E.U.A (o más bien, en la parte Norte de la parte del Planeta que llamamos *Abya Yala*) es la aparición de un síndrome consumista de avaricia insaciable.

Un cambio estructural y espiritual muy importante, si no es que el más fundamental, se empieza a dar cuando reconocemos que la forma en la que el gobierno impuesto en la parte de la Tierra que llamamos E.U.A. se dio por medio de: 1) el genocidio más grande en la historia de la humanidad (cerca de 80 millones de indi@s american@s fueron asesinad@s); 2) se les robó y despojó de la tierra en donde vivían; y 3) ahora en la mayoría de las escuelas y universidades se dicen mentiras de cómo fueron asesinados y de cómo se les robó la tierra. Este es un cambio subversivo de la narrativa, una alternativa del susodicho "sueño americano" que más bien se ha tornado en una "pesadilla planetaria."

Una manera de empezar a sanar la viví cuando filmamos la película Dakota 38. Es una historia donde podemos ver la generosidad del espíritu humano sin importar el color de nuestra piel. Es una alternativa a la violencia y drogas. La alternativa se llama amistad, fraternidad, en otras palabras, amor universal. Una vez anclad@s en este amor, será fácil acabar con el nuevo Jim Crow y su criminalización/encarcelamiento masivo de seres humanos que se beneficia y hace ganancia del sufrimiento humano. Por eso es de vital importancia que sepamos que nuestra moneda es el amor fraternal y que tenemos de nuestro lado a la fuerza de la vida misma.

3. La parte del planeta que llamamos Estados Unidos tiene una larga y fuerte tradición de lucha social sustentada en la noviolencia para ampliar la "democracia" conservadora y racista impuesta por los señores de la guerra, el sistema financiero y el capitalismo como doctrina ideológica. ¿Cómo cambiar la parte del planeta que llamamos E.U.A. que nos usa desde la noviolencia hoy?

Exactamente. Esa es la noviolencia del débil. El problema radica en querer seguir teniendo un estado, partidos políticos y cambiar a otr@s en lugar de emprender un esfuerzo serio en el auto-gobierno de cada persona para poder tener una anarquía iluminada en el exterior. Aquí la importancia de la meditación y el silencio receptivo para identificar y compostear pensamientos y emociones negativas y cultivar estados positivos de la mente. Esto nos da la claridad de co-crear alternativas a la doctrina neo-liberal (que asesina a nuestra madre Tierra) y fomentar colaboraciones alineadas con la vida en este hermoso planeta.

Gandhi, Vinoba y Gora (un ateo que vivió y trabajó muy de cerca con Gandhi para erradicar la locura en torno a la casta de "intocables") muchas veces dijeron que, después de la independencia de la parte del planeta que llamamos India, era necesario deshacer los partidos y el congreso y regresar a los pueblos y al campo para vigorizar la vida en las aldeas con localismo radical. Hoy en día y con todos los desmanes del síndrome occidental, para mí el mejor gobierno es el que no existe, el que sólo existe en nuestras mentes balanceadas y atentas. Ésta, querido hermano Jorge Andrés, es la anarquía del fuerte, o lo que es lo mismo, la noviolencia de la fuerte.

4. Casa de Paz da ejemplo de trabajo comunitario en un barrio de migrantes (en su mayoría latinos) envuelto en niveles altos de violencia y muertes criminales juveniles. ¿Cómo explicas tu lucha desde Oakland para derrumbar todas las fronteras?

El Área de la Bahía en California (Palo Alto, el valle de silicón, San Francisco, Berkeley, Oakland, Richmond, Marin, etc.) es uno de los puntos con más diversidad cultural, religiosa, intelectual y espiritual que tiene la Tierra actualmente. También aquí existen unos recursos naturales muy grandes y una riqueza financiera que a veces se torna obscena. Y es aquí también, en el corazón del imperio, donde uno no puede voltear la cabeza o meterla en la tierra como avestruz cuando la bestial violencia e injusticia social se deja venir en la gente que acá en este síndrome occidental le llaman "de color," esto es, afro-american@s y latin@s.

Aquí en Oakland, sobretodo en el Este de Oakland, en Fruitvale donde vivo, no cabe duda que este sistema neoliberal capitalista está roto, podrido y no funciona para la mayoría de nosotr@s, el 99.9% de la población. Olvídate de la parte del planeta que llamamos E.U.A., sino que no sirve para el planeta entero.

Es aquí en lugares como el Este de Oakland donde la pandilla institucionalizada de la policía muestra sus colores verdaderos al acosar a nuestros jóvenes, a nuestra clase trabajadora y a la gente sin casas. Es aquí donde la pandilla policial está en guerra con las otras pandillas de latin@s y afro-american@s para mantenernos distraíd@s de la verdadera lucha por acabar con la injusticia ecológica y social. Es aquí donde el imperio destruye familias de migrantes al dejar huérfan@s a sus hij@s cuando la policía y la migra deporta a sus madres y padres sin piedad, disque porque no tienen papeles. Es aquí donde la mayoría de los hombres afro-americanos (y latinos también) son encarcelados al menos una vez en su vida donde se les asesina sin piedad. Es aquí donde la injusticia económica, ecológica y social se respira en las calles con licorerías, drogas, prostitución y comida transgénica llena de pesticidas y fertilizantes.

Y es también aquí donde podemos practicar ser felices y libres a pesar de todo esto. Es aquí donde la gente sigue haciendo contacto visual con sus vecin@s y donde las raíces culturales de cómo amar y respetar a la tierra se asoma en algunos jardines del barrio. Es aquí donde podemos vivir sin documentos y sin miedo como campesin@s y ciudadan@s del mundo. Es aquí donde podemos desobedecer con gran amor a la policía y todas estas instituciones obsoletas. Es aquí donde nos volvemos tan felices, tan alegres, tan llen@s de valor, que nuestra mera existencia es un acto de rebelión y de verdadera (r)evolución. Sobretodo si alineamos nuestra mente con lo que decimos y lo que hacemos.

Estamos aquí sin pedirle permiso al gobierno impuesto en esta parte del planeta, en un barrio supuestamente peligroso. En Casa de Paz nunca cerramos la puerta y si el clima lo permite, dejamos la puerta abierta de par en par. En medio de un mundo consumista y centrado en el patrón egoísta, aquí practicamos generosidad y regalamos todo lo que tenemos sin esperar nada a cambio: desde verduras y fruta orgánica hasta tapetes de yoga, cojines de meditación, libros, nuestra energía y tiempo. Cuando explota la violencia y se manifiesta en nuestras relaciones personales, no le llamamos a la policía sino que salimos a la calle para ser presencias de paz y comprensión y luego nos reunimos como comunidad. En una ciudad llena de lotes baldíos sin uso, llenos de basura, nosotr@s los limpiamos y los convertimos en jardines y granjas urbanas sin permiso de las autoridades más que la autoridad del Amor Universal.

En un mundo de prisas y carreras y comida rápida, nosotr@s en Casa de Paz nos sentamos en silencio receptivo al menos dos veces al día y ofrecemos un lugar de paz donde la gente puede venir a rezar en silencio, a contemplar o a meditar y fomentamos que la gente cocine su propia comida sabrosa y saludable llena de mucha calma y amor. En una sociedad enferma de desconfianza entre vecin@s, a nosotr@s las mamás nos confían a su hij@s a veces hasta menores de 2 años para que juguemos y aprendamos junt@s. En un mundo que se basa en transacciones y moneda convencional, nosotr@s servimos sin esperar nada a cambio y nos basamos en la economía de regalo porque nuestra moneda es el amor, el valor y la libertad total del espíritu humano.

En este sistema sin alma, lleno de violencia física, emocional, estructural y espiritual, somos una anomalía. Y esta anomalía se llama: amor. Amor radical que muchas veces no se entiende por lo subversivo que es. Aquí en la avenida 36 donde está Casa de Paz, las fronteras y etiquetas más difíciles de borrar son las que creamos en nuestras mentes y corazones. Este amor radical es una gran goma de borrar para regresar a nuestro estado natural: nostr@s tod@s somos la Tierra misma y no necesitamos ni de pasaportes ni de visas para reclamar nuestro derecho inalienable de ¡caminar libres en la Tierra!

5. ¿Por qué meditar para cambiar el mundo? ¿Qué ejemplo quieres regalarnos de la fuerza y armonía de la meditación para ser felices?

Que los seres humanos podamos tener una mente luminosa y clara, es una manera muy poderosa de trascender hacia la felicidad a través del compromiso total con nuestro propósito de vida. El mundo está lleno de odio, avaricia, ignorancia y sufrimiento, pero en el momento en que nos conectamos con nuestra verdadera identidad, con nuestr@s antepasad@s, con los ecosistemas saludables del planeta, con la Tierra misma, nos trae un sentimiento de agradecimiento que no depende de nada exterior sino sólo de nosotr@s mism@s.

Estar anclad@s en agradecimiento continuo es muy (r)evolucionario porque el agradecimiento, momento a momento, está en dirección diametralmente opuesta al consumismo voraz de comprar y adquirir más y más, y buscar la felicidad fuera de un@ mism@. Esto para poder luego tener la fuerza de enfrentar y honrar el dolor de la Tierra, después poder ver con nuevos ojos las alternativas que emergen y finalmente seguir adelante con acciones como nos lo han enseñando nuestr@s campesin@s e indígenas. Es decir, el agradecimiento de lo que es aquí y ahora nos invita a estar muy conscientes de lo que realmente necesitamos, nos invita a evaluar qué es suficiente.

No hay peor enemigo que una mente desbalanceada, intranquila, llena de prisas, apegos, aversiones, rencores y violencia. Y no hay mejor amistad que la de una mente balanceada, serena, tranquila, en calma, sin afanes, llena de perdón, paz y amor.

Ahora bien, los sistemas del Estado y transnacionales ahora predominantemente capitalistas, están basados en avaricia, odio, miedo, castigo, violencia e ignorancia. ¿Y qué tal que nosotr@s mism@s cultivamos nuestras capacidades intrínsecas de amar, de tener valor, de compartir, de restaurar, de ser generos@s, de decir la verdad? A toda escala, cultivar cualquiera de estas cualidades es más que (r)evolucionario.

Y sí. Todo empieza en nuestras mentes. Está demostrado que nuestra mente consciente tiene la capacidad de procesar cerca de 40 transacciones por segundo, mientras que nuestro subconsciente hace aproximadamente 40 millones de transacciones por segundo. Estos son ¡seis órdenes de magnitud de diferencia! Es por esto que cuando una persona practica alguna actividad por cerca de 10,000 horas o más, un@ se hace expert@ en esa actividad al grado de que ya no tienes que pensar en detalles porque lo haces de manera automática. ¿Y qué tal que empezamos a ser parte de un mundo donde somos automátic@s en amor, en valor, en generosidad, en compasión, en decir la verdad, en sabiduría? Ningún truco legaloide, ni intimidación física, ni amenaza emocional, ni psicológica podría generar miedo en nosotr@s. Pero para eso necesitamos trabajar fuerte en nuestro subconsciente y cultivar nuestros corazones y mentes para quitar todo lo que bloquea la luz de nuestro amor radical por la Tierra y todos sus seres.

Esta cultivación viene al deshacernos de nuestras aversiones y apegos que pueden ser producidos en la mente después de que nuestro cuerpo experimenta sensaciones y/o pensamientos incómodos o placenteros. Poder observar estas sensaciones, sin reaccionar, con una mente clara, atenta, calmada, y poder vivir cómo cada sensación es temporal y se desintegra tarde o temprano, es un gran instrumento para vivir la realidad tal y cómo es y no como nosotr@s queramos que sea. En otras palabras, poder reaccionar a nada y, en lugar, responder a todo con amor, momento a momento, es el secreto de la libertad total. Es simple pero difícil de cultivar.

Cuando, por desobedecer con Gran Amor (hay gente que le llama *satyagraha* o fuerza del alma o aferrarse a la verdad o desobediencia civil noviolenta) me metieron a unas de las prisiones del imperio, encontré que aún ahí en ambientes muy inhumanos en aislamiento confinado, la opresión no pudo tocar ni mi mente ni mi corazón. Al contrario. Como pude estar meditando y practicando yoga por tanto espacio-tiempo me sentí con más energía para trompicar al imperio y enraizarme en el amor verdadero.

En una ocasión, un hermano de aspecto temerario y muy involucrado en la pelea de pandillas de este barrio sintió un fuerte impulso para ir a quitarle la vida a alguien. Pero antes de hacerlo, en el umbral de la puerta de su casa, se acordó de que el hermano Adelaja Simon, una de las personas que empezó Casa de Paz, le había dicho que siempre que él quisiera podría ir al espacio que tenemos en la planta de arriba de Casa de Paz para meditar o rezar en silencio o simplemente contemplar. Que lo único que tenía que hacer era quitarse los zapatos en la entrada y subir. Y en un instante, eso fue lo que hizo en un domingo a las 6:30 p.m. Esa noche, después de la meditación y en medio de lágrimas, este vecino me confesó que este nivel de intimidad para contar estas cosas no lo podía tener ni con su madre ni padre porque no les quería abrumar. Dijo: "estoy profundamente agradecido de poder contar con el único lugar que conozco en el barrio donde puedo estar en paz sin ser juzgado."

Si todas estas horas de meditación en la casa donde vivimos sirvieron para salvar un par de vidas más y ser un contenedor de paz, este experimento de Casa de Paz ha valido la pena.

6. La base de los movimientos sociales es la confianza. ¿Cómo recuperarla en la era del dinero? ¿Alguna experiencia para compartir?

Efectivamente la confianza lo es todo para vivir en comunidad. Cada vez que usamos un billete de moneda convencional, es una oportunidad para darnos cuenta de que existe una relación rota, ya sea con alguna persona o con la Madre Tierra.

Como mencionaba anteriormente, estamos tratando de regresar a las costumbres de la familia. Muchas veces le llamamos "el poder de la abuela" o de algún familiar. Por ejemplo, si tuvimos la fortuna de conocer a nuestra abuela (o para propósitos de este ejemplo cualquier persona adulta que se encargó de alimentarnos) y alguna vez fuimos a comer a su casa cuando éramos niñ@s, imagina que después de comer platillos deliciosos y tu postre favorito, muy satisfech@ sobándote la panza de placer comentas: "¡qué rico estuvo todo abuela! ¡delicioso! ¿cuánto te debo?" En mi experiencia esto hubiese sido casi como una ofensa porque el amor en familia no tiene precio. Y este sentimiento de fraternidad se repite también en muchas otras culturas. Este amor sin precio es universal. Entonces, ¿qué pasaría si viviéramos en una sociedad donde tod@s nos tratáramos como familia? ¿Y que tal que no sólo sea la familia humana sino también la Gran Familia de la Tierra?

Inspirad@s por el hermano Tree y su Puesto de la Granja Gratis y Libre en San Francisco, nosotr@s empezamos a hacer algo parecido en Oakland. Esto es, crear condiciones para fomentar el crecimiento de la tierra y la comunidad. Lo que hemos estado haciendo por más de 3 años es poner unas mesas con manteles y canastas todos los domingos por un par de horas en la banqueta en frente de Casa de Paz. Ponemos frutas y verduras que a veces cosechamos de los alrededores o nuestro propio jardín y también traemos frutas y verduras orgánicas y locales que nos regalan algun@s granjer@s en el mercado de Oakland. Es una invitación a l@s vecin@s para adquirir comida saludable ofrecida como un regalo, así como compartir la presencia de sus familias y también los frutos y verduras que algun@s de ell@s pueden ofrecer a la comunidad. Hay una vecina que tiene 7 árboles frutales. Cuando están en temporada, su generosidad (y la de su familia de seis) se muestra en el regalo de varias cajas de limones, mandarinas, toronjas, duraznos, ciruelas, naranjas y chabacanos.

Hemos estado sorpredid@s de saber de gente que ha vivido por más de 20 años en la misma cuadra y que no se habían conocido hasta ahora. Este experimento, que le llamamos FrutaGift (RegaloFruta), es un pretexto para conocernos más como vecin@s y, al mismo tiempo, utilizar comida saludable sin pesticidas, ni fertilizantes, ni transgénicos como instrumento para seguir fortaleciendo el tejido social y la confianza entre nosotr@s.

7. Tu dices que todo acto humano es un acto de amor. ¿Cómo explicas y entiendes las guerras y sus intereses?

A lo que me refería es al espectro del amor que va desde un amor con una vista muy estrecha y limitada (digamos el interés del bienestar sólo de mi familia biológica o amigos o inclusive sólo mis propios intereses), hasta un amor con una vista amplia, panorámica, que incluye a tod@s, incluidos los animales no-humanos.

Entiendo que el amor limitado está íntimamente relacionado con no tener mecanismos de retroalimentación. Esto va desde agotar los nutrientes de la tierra fértil, promover tratados de libre comercio que destruyen culturas ancestrales, promover transgénicos que atentan en contra de la vida de los polinizadores y tod@s nostr@s, hasta asesinar periodistas/activistas y la promoción de armas nucleares. Si las personas que toman la decisión, por ejemplo, de acabar con la vida de un sólo ser humano estuvieran en contacto directo con las consecuencias de esta decisión, muy seguramente habría un cambio y una fuerte influencia en su siguiente decisión. Cuando estamos conscientes de la enorme interconexión que existe en la Tierra en su totalidad, vemos que cada acción que hacemos contribuye, o no, a un planeta más armonioso. Con esta interdependencia nos damos cuenta de que el amor en su máxima expresión, al ir más allá de la autocomplacencia y el egoísmo, se vuelve amor total y luego entonces, verdadero.

Nosotr@s, l@s campesin@s, indígenas y ciudadan@s del mundo, somos esos puentes que hacen de la retroalimentación algo imposible de evitar mientras existamos en esta Tierra.

Espero que no sea demasiado tarde, pero es probable que con mejores mecanismos de retroalimentación a los actuales empecemos a migrar de una vida centrada en un@ mism@, en nuestros amigos y familia, a una vida centrada en el servicio sin esperar nada a cambio, centrada en el amor a tod@s, una vida centrada en la fuerza de la vida misma que, por su naturaleza, desde luego incluye a nuestr@s amig@s y familia.

8. Agricultura orgánica, veganismo y noviolencia, ¿cómo entiendes esa triada visible en Casa de Paz?

Todo es parte de lo mismo: noviolencia integral. Si ponemos atención en cómo tratamos a la tierra y a los millones de microorganismos en ella; si notamos el florecimiento sin esfuerzo y natural de los ecosistemas libres de pesticidas y fertilizantes; si observamos cómo nuestros cuerpos se curan y fortalecen al comer frutas y verduras frescas orgánicas y locales; si podemos tener dietas veganas saludables (si nuestra biorregión lo permite) sin la necesidad de causar sufrimiento a otros seres; si percibimos la sutileza de cómo nuestra mente y alma se enriquecen con este tipo de alimento; si estamos en relación íntima y constante con las prácticas de cómo sembramos, cosechamos y cocinamos esta comida—vemos que nuestra sabiduría no puede apoyar sistemas de explotación basados en la devastación de la tierra e intoxicación de nuestros cuerpos, sino que honramos la sagrada unión entre la tierra, el alma y la sociedad.

Mi hermano Chris Moore-Backman dice que la práctica de la noviolencia integral es como un iceberg. Debido a que la densidad del hielo es cerca de una décima parte menor que la del agua líquida salada, esto hace que el hielo flote y que podamos ver sólo el 10% del iceberg emergiendo de la superficie. De la misma forma, alguien quien honra la tierra, el alma y la sociedad, sólo podemos ver el 10% de lo que esta persona hace. La punta del iceberg, el 1%, son los actos de desobediencia con Gran Amor. El resto del iceberg arriba de la superficie del mar, el otro 9%, es el programa constructivo visible conformado por las alternativas a la sociedad de crecimiento industrial como lo son: los medios de información independientes, la justicia restaurativa, la medicina preventiva, la ecología de regalo, las monedas libres, la permacultura y agroecología, comida orgánica, local y entrelazada con respeto y dignidad hacia l@s trabajador@s.

Y por último, el 90% del iceberg no se puede ver, es la parte de la purificación de la mente y el corazón, es el arduo trabajo de la transformación interna. Y aunque esta transformación personal es invisible en la superficie, es el fundamento para que el resto flote. Aquí una vez más la importancia de tener una práctica personal que nos ayude a transformarnos internamente para amaestrar a nuestra mente y poder personificar el valor, la impavidez, el Gran Amor, la humildad y claro, la noviolencia y la anarquía. La (r)evolución externa (1% + 9%) junto con la (r)evolución interna (90%) hacen la (r)evolución total del espíritu humano.

TRANSFORMANDO *las* BASES *de* NUESTRA VIDA

Interdependencia, atención plena y el Trabajo Que Reconecta:

El trabajo de Aliados con estudiantes universitarios

Andrea Ávila Sakar

Este trabajo presenta una alternativa metodológica enmarcada dentro de la epistemología Budista, cosmovisión indígena y el Trabajo Que Reconecta para la capacitación de estudiantes universitarios en el trabajo de Aliados. Igualmente, presenta la importancia de la realización del concepto de interdependencia en el desarrollo de las cualidades necesarias para el trabajo de Aliado, así como una serie de prácticas del desarrollo de la atención que contribuyen a la autorreflexión requerida en dicha labor. Finalmente, se aborda una serie de dinámicas del Trabajo Que Reconecta que pueden ayudar a los estudiantes en formación a prevenir y resolver el estrés físico y emocional que comúnmente conlleva el trabajo colaborativo con grupos minoritarios o desprotegidos.

El trabajo de Aliado,[1] también conocido como "extensionista" en América Latina, constituye un quehacer importante en el trabajo de colaboración e investigación que frecuentemente realizan los estudiantes universitarios con grupos minoritarios o desprotegidos de la sociedad. Su labor es compleja y muy diversa, ya que incluye desde orientación productiva y comercial hasta trabajos de articulación interinstitucional, captación de fondos, formulación de proyectos, manejo de grupos, resolución de conflictos de diferentes índole, entre muchos otros.[2] Su formación por lo tanto debe prepararlos para realizar múltiples roles a través del desarrollo de cualidades propias de las ciencias sociales, así como de actitudes y posicionamientos personales apropiados para el trabajo cooperativo. Como estudiante de posgrado en la Universidad de

Victoria, Canadá, realicé dicha labor como parte de mi trabajo doctoral en un proyecto colaborativo con un hombre medicina de la Nación Cree, llamado Cheepowapisk.[3] Esta experiencia me permitió conocer de manera directa las múltiples dificultades que el trabajo de Aliado presenta, y al mismo tiempo atestiguar las limitaciones que existen en las universidades tanto en la capacitación práctica de estudiantes para trabajar como Aliados, como en la prevención del estrés emocional y el desgaste físico que conlleva este trabajo.

Aún cuando en las últimas décadas el número de estudiantes interesados en trabajar como Aliados se ha acrecentado de manera importante,[4,5,6] la preparación que las universidades ofrecen para ello sigue siendo escasa y de carácter prescriptivo. Los cursos para la formación de Aliados, cuando llegan a existir, tienen un enfoque más bien de carácter intelectual, enfocado principalmente en la manera de actuar y no el desarrollo de las cualidades necesarias para dicho trabajo. Lo anterior genera con frecuencia sentimientos de impotencia, culpa, coraje, angustia y desesperanza en los estudiantes, lo cual limita no sólo su trabajo, sino que disminuye la percepción sobre sus capacidades para actuar como Aliados.

Es por ello que algunos Aliados en formación nos hemos visto en la necesidad de buscar alternativas de capacitación fuera de las instituciones universitarias que nos permitan prepararnos de manera integral.[7] En mi caso, ésta formación fue adquirida a través de la exploración del concepto de interdependencia de la filosofía Budista, de la práctica de atención plena o "mindfulness" y de la participación en talleres del Trabajo Que Reconecta con Joanna Macy.[8]

La formación de Aliados

La investigación sobre Aliados se ha enfocado principalmente en el estudio de las cualidades y valores que éstos deben poseer para realizar su trabajo. Se enfatiza la humildad, compromiso, valor, flexibilidad, escucha atenta, sentido del humor, paciencia, conocerse a uno mismo y conocer y reconocer de quien es la tierra sobre la que se está parado. Esto en conjunto con acciones tales como dejar a un lado el conocimiento teórico; aceptar que no siempre se tiene la razón y estar abierto a formas de pensar y aprendizajes diferentes; y una autocrítica y autoconocimiento son indispensables para un trabajo adecuado como Aliado. Otros como Goodman se han enfocado en la importancia que presenta el deseo del desarrollo del altruismo en el interés por trabajar como Aliado,[9] mientras que algunos más han dirigido sus esfuerzos al estudio de las etapas de desarrollo de Aliados.[10,11]

La literatura sobre Aliados explica que las cualidades para realizar dicho trabajo son el resultado de, entre muchas otras tareas, entre muchas otras tareas, la autorreflexión. Se expone que la autorreflexión es indispensable en la formación de Aliados debido a que les permite conocer el poder que les otorgó sus privilegios y la manera en la que han participado en las estructuras de opresión. Igualmente, la autorreflexión impide que las narrativas y comportamientos de los Aliados perpetúen las relaciones de dominación colonial.

Aún cuando es evidente que la autorreflexión juega un papel importantísimo en el trabajo extensionista, existe una carencia metodológica para su desarrollo dentro de las instituciones universitarias. Igualmente, aún cuando se reconoce la dificultad que con frecuencia presentan los estudiantes para el entendimiento del pensamiento indígena, la capacitación que se lleva a cabo en las universidades sigue estando cimentada en el pensamiento dualista occidental.

El concepto de interdependencia en la formación de Aliados

La diferencia más importante que existe entre la cosmovisión indígena y el pensamiento occidental radica en su concepción del ser. El primero lo ve como parte de un todo, mientras que el segundo lo considera un ente completa e inherentemente separado. Cada visión genera una percepción diferente de la realidad y en el caso de la formación de Aliados, la visión dualista constituye un problema a superar. Lo anterior se debe a que la visión dualista genera una distancia entre el Aliado su colaborador, dificultando el establecimiento de una cooperación genuina y la resolución de sentimientos aflictivos producto del trabajo extensionista. De manera contraria, el pensamiento indígena y oriental ofrece al estudiante un espacio para la autorreflexión y la transformación de creencias, propulsándolo hacia una visión integradora.

Uno de los conceptos filosóficos más importantes del Budismo y de la cosmovisión indígena que ha permitido a través de los siglos ver al ser como parte de un todo es el de la interdependencia. Este concepto explica que todo está formado por sus partes y nada puede existir de manera aislada. Asimismo postula que las personas construyen su propia realidad dependiendo de sus percepciones, y que es debido a los atributos que ellos imputan a los objetos que su mundo fenomenológico es generado. El catorceavo Dalai Lama explica que

> podemos entender este principio, también llamado Origen Dependiente...en relación al hecho de que todo el mundo depende de sus partes. Así es, cualquier cosa existente es considerada como un todo que esta compuesto por partes... Ya que está compuesto de partes, depende de sus partes para existir y no puede existir como algo autónomo o de manera independiente.[12]

La teoría Budista de la escuela de pensamiento *madhyamika* (camino medio) expone que el concepto de interdependencia permite reconocer las relaciones de los seres con el todo, así como apreciar de manera muy clara la compleja red de causas y efectos que generan los eventos.

Debido a lo anterior, es posible considerar que el concepto de interdependencia como parte de la metodología para la formación de Aliados ofrece un espacio único de transformación de prácticas y creencias, tanto en estudiantes como en formadores. De igual manera, Joanna Macy considera que la realización de la interdependencia puede fomentar la liberación del pensamiento antropocentrista y dar lugar a uno espiritual y ecológico.

Interdependencia en la autorreflexión de Aliados

Dado a que el trabajo de autorreflexión que se lleva a cabo en la formación de Aliado es muy complejo y presenta frecuentemente un fuerte desgaste emocional, es importante que el estudiante cuente con herramientas de apoyo. Cuando las causas y circunstancias que dieron lugar a la colonización son analizadas desde la visón dualista, el trabajo de autorreflexión se convierte en una cruzada difícil. Por el contrario, cuando la autorreflexión se lleva a cabo bajo la perspectiva de la interdependencia, el Aliado tiene la posibilidad de trabajar para su auto-descolonización, transformando sentimientos de culpa en sentimientos de compasión y fuerza interior.

La exploración y realización del concepto de interdependencia es una de las herramientas más poderosas para realizar el trabajo de autorreflexión requerido en el trabajo de Aliados. Este proceso permite ver que los otros son uno mismo, y que los problemas de otros en realidad involucran a todos. De esta manera, las soluciones resultantes pueden incluir a todos los seres, volviéndose equitativas y en armonía con el medio ambiente.

Asimismo, cuando el trabajo de alianza es realizado bajo la perspectiva de interdependencia, el dualismo que separa al Aliado del oprimido desaparece, dando lugar a la colaboración y compasión verdadera que incluye tanto al Aliado como al opresor y al oprimido. Esto permite que los universitarios en formación puedan cruzar, traspasar y transgredir todo tipo de fronteras para alcanzar sus metas y liberación.

La realización de la interdependencia permite a los estudiantes romper con adoctrinamientos culturales y darse cuenta que su identidad cambia constantemente. Esta nueva visión les permite crear puentes de entendimiento entre individuos y culturas, y facilita la posibilidad de reconocerse como parte integral del universo, conectándose de manera profunda con su esencia y espíritu.

El trabajo de descolonización que realizan los Aliados es un proceso arduo que requiere ver profundamente causas y condiciones. La descolonización es un proceso que inicia con la autorreflexión y termina con la realización de la inexistencia de un "yo" separado del todo.

Realización de la interdependencia

La realización de la interdependencia no es un quehacer teórico, sino que es necesario efectuar prácticas específicas para lograrla. La filosofía Budista a través de la práctica de la atención plena ha mostrado por siglos su eficiencia al respecto. Igualmente, las dinámicas que se realizan en los talleres del Trabajo Que Reconecta de Joanna Macy ofrecen a los participantes la posibilidad de sentir la interdependencia de manera directa.

Durante mi trabajo doctoral con Cheepowapisk utilicé ambas aproximaciones metodológicas, tanto para la autorreflexión como para mi autocuidado.

A través mi experiencia personal, plasmada en una investigación auto-etnográfica, pude comprobar los beneficios que la filosofía Budista y el Trabajo Que Reconecta ofrecen a la labor de Aliados.

Atención plena

De acuerdo con la tradición Budista y las prácticas indígenas, la observación del flujo mental es una herramienta poderosa para lograr realizar la interdependencia y la "no-existencia de un Ser fijo."[13] Esta exploración me ofreció una herramienta única tanto para conocerme a mí misma, así como a la red infinita de causas y condiciones de la que formo parte cuando realizo un trabajo extensionista. La atención plena también me permitió tomar conciencia de las causas que generaron los múltiples fenómenos cotidianos que viví en el transcurso de mi trabajo doctoral para lograr finalmente ver en el plato de comida, que muchas veces compartí con Cheepowapisk, la participación del aire, el agua, la tierra, y mucho trabajo humano.

En el trabajo de Aliado, y muy especialmente en el aspecto de auto-cuidado, la atención plena me permitió relajar mis tensiones para simplemente ser. Igualmente esta práctica me facilitó el desarrollo de la atención empática y la compasión, tanto hacia Cheepowapisk como hacia mi misma.

La atención plena me ayudó a observar de forma más clara mis prejuicios, aceptando al mismo tiempo y de manera humilde que no tenía, ni tengo, todas las respuestas. Además, la observación del flujo mental y la atención al momento presente permitieron el surgimiento de mi alegría, gozo, ecuanimidad y amor; antídotos importantes en el alivio del desgaste emocional debido a la autorreflexión. Finalmente, la atención plena me dio la oportunidad de tomar conciencia de la libertad constante que tengo para escoger mis respuestas.

El Trabajo Que Reconecta

El Trabajo Que Reconecta que Joanna Macy ha venido presentando desde los 70's me ofreció la oportunidad de experimentar de manera directa la interdependencia a través de diferentes dinámicas y su énfasis en el trabajo en grupo. La propuesta pedagógica y de empoderamiento que ofrece Macy tienen como objetivo principal propiciar un reencuentro de los participantes con el mundo en que habitan y empoderarlos para tomar parte en el Gran Giro. Los talleres también buscan fomentar la reflexión sobre la situación de crisis que abate al planeta y generar nuevas alternativas de acción basadas en la sabiduría de epistemologías Budistas y de tradiciones indígenas. Este modelo contextualiza el dolor humano y colectivo dentro de un marco de interdependencia y busca propiciar que los participantes se apoyen unos a otros en sus trabajos y procesos celebrando la diversidad.

El proceso grupal participativo que se vive en los talleres privilegia actividades de expresión artística y movimiento que generan en los participantes cambios de conciencia y actitud a un nivel profundo. Las actividades están diseñadas para movilizar las emociones, recuerdos y tensiones que se encuentran atrapados en el cuerpo para liberarlos.

Como participante de éstos talleres tuve la oportunidad de vivir de manera directa los beneficios que ofrecen y la duración del cambio que los beneficios genera. La metodología que estructura los talleres facilitó el desarrollo de mi capacidad de reflexión y expresión a través de la palabra, movimientos y expresiones artísticas de manera holística e integradora.

A través de ellos pude no sólo desbloquear memorias y tensiones del momento, sino que pude soltar mucho del bagaje impuesto por mi historia familiar y cultural. Este trabajo me permitió también reflexionar sobre modos de cooperación, así como acerca de los diferentes roles que asumí en diferentes momentos del trabajo cooperativo.

El Trabajo Que Reconecta es una herramienta invaluable tanto en la preparación como en la sanación emocional de Aliados. Ofrece el ambiente ideal para el trabajo directo con la interdependencia y la autorreflexión, y un espacio en el que tanto las descargas emocionales como las resistencias y defensas son aceptadas y contenidas.

Para el desarrollo del entendimiento y realización de la interdependencia, así como para el autocuidado de Aliados, todas las actividades que se realizan en los talleres son excelentes. Cada una tiene un valor especial y en conjunto ofrecen una plataforma invaluable para Aliados en formación, activistas sociales y toda aquella persona en búsqueda de transformación personal. Durante mi formación universitaria como Aliada, tres dinámicas fueron las que mayor aportación me brindaron: La Molienda, El Bestiario y La Danza del Olmo.[14]

La Molienda me permitió vivir mi andar en espacios conflictuados por el abuso y la colonización de una manera consciente y compasiva. También me hizo darme cuenta de la gran separación que yo misma generaba en relación a los demás, y otros múltiples mecanismos de protección y defensa que utilizaba. Paralelamente, me permitió ver a otros seres humanos en su fragilidad e imaginar sus sentires, emociones y deseos de amor y cobijo. La Molienda me dio la oportunidad de experimentar la interdependencia y acrecentó mi capacidad de atención, mejorando mi relación de colaboración con Cheepowapisk.

La dinámica del Bestiario, por su parte, generó una toma de conciencia acerca del impacto de mis acciones en el medio ambiente. Me ayudó a reconectarme con el entorno y a reconocer el impacto que mi trabajo tiene en otros seres vivos. Esta actividad también me permitió desahogar emociones aflictivas y de ansiedad, impidiendo que sufriera un agotamiento físico y emocional resultante de mi trabajo como Aliada. Asimismo, el Bestiario me ayudó a entender la cosmovisión de Cheepowapisk.

Finalmente, dentro de las dinámicas y actividades que se realizan dentro del Trabajo Que Reconecta, La Danza del Olmo ocupa un lugar muy especial en mi experiencia de vida. Esta Danza constituye no sólo un homenaje a la gente de Novozybkov, Rusia, que ha sufrido por la contaminación nuclear, sino que es una verdadera iniciación a la visión de interdependencia. Es una Danza que celebra el trabajo por la vida, así como el esfuerzo y solidaridad de activistas y Aliados de todos los tiempos y lugares.

La Danza me enseñó de manera clara y directa la conexión atemporal que existe entre todos los seres. Igualmente me permitió sentir una fuerte conexión con todos los Aliados que han existido y con todas las personas, que al igual que yo, hemos luchado de una u otra manera contra las estructuras de opresión, caminado el arduo sendero de la autorreflexión.

El trabajo del Aliado es un trabajo de crecimiento personal. Es través de la realización profunda de la interdependencia que se hace posible una completa formación como Aliado. La atención plena y el Trabajo Que Reconecta son invaluables herramientas para ello, y deben formar parte del programa universitario de capacitación de Aliados.

Del ego-machismo hacia la eco-masculinidad

Oscar Reyes Ruvalcaba y Aranzazú Velasco Lafarga

El presente texto presenta algunas líneas de reflexión acerca de la elaboración de identidades alternativas, amigables con su entorno social y en armonía con el paraje externo e interno, a las que denominamos "eco-masculinidades." Esta labor surge en contraste con el papel que ha jugado la violencia en la construcción de la identidad de género y como ello incide en la relación con nuestro entorno social y natural. Consideramos la forma como las redes de sociabilidad han intervenido como condicionantes de una identidad masculina que genera un comportamiento machista. Tomamos como eje de la reflexión desarrollos conceptuales sobre socialización primaria y secundaria, sobre teoría de género y en torno a la construcción de la masculinidad. Una línea de análisis particular se sustenta en discusiones y desarrollos conceptuales del eco-feminismo.

De acuerdo con la teoría de la transformación cultural sostenida por Raine Eisler, los seres humanos nos hemos desarrollado entre dos modelos históricos de organización social. Uno denominado "dominador" y otro llamado "solidario." El primero es sinónimo del orden patriarcal y el otro es afín al matriarcado. Para elaborar ésta teoría, Eisler consideró factores ambientales, económicos y psicológicos, pero resaltó principalmente la socialización de género, "ya que afecta tan profundamente la conciencia humana en todos los aspectos de la vida, desde cómo vemos nuestro cuerpo hasta qué punto creemos tener opciones tanto personales como sociales."[1]

Una síntesis de las implicaciones sociales de estas dos formas históricas de organización humana las observamos en la siguiente tabla, elaborada con base en Eisler.

Componente	Modelo dominador	Modelo solidario
Relaciones de género	Los valores asociados a lo masculino	Valora por igual lo femenino y lo masculino.
Estructura social	Estructura predominantemente jerárquica y autoritaria, con dominio masculino.	Estructura social igualitaria e incluyente de las diferencias.
Orden social	La imposición o amenaza de dolor es esencial para mantener el sistema.	Las relaciones humanas se mantienen por vínculos de empatía y placer de conexión con los otros.
Poder	Uso del poder arbitrario justificado por una deidad o principio abstracto "superior" de raza, nación, clase, etc.	El poder supremo es aquel que sirve para dar, nutrir e iluminar la vida.
Violencia	Institucionalización de la violencia.	Niños y niñas aprenden la resolución no violenta de conflictos.
Sexualidad	Erotización de la dominación masculina.	La sexualidad como vínculo para dar y recibir placer mutuo.
Espiritualidad	Ideología religiosa basada en el castigo y la recompensa interesada, justificando el dominio de género.	La religiosidad es considerada como forma de re-ligar a los seres humanos entre sí y con todos los seres del cosmos, incluyendo la madre tierra.

Naturaleza y orden patriarcal

El modelo dominador, constituido históricamente como orden patriarcal, implicó una nueva relación de los seres humanos con la naturaleza fundada en su dominio, explotación y depredación por parte de los hombres. Considerar al entorno vital solamente como "recursos naturales" a ser aprovechados por el consumo humano, redujo una visión integral del cosmos a una percepción antropocéntrica y más particularmente falo-céntrica del planeta; la génesis universal al servicio del varón. Por ello observa críticamente Erich Fromm que según la perspectiva masculina "estábamos en camino de volvernos dioses, seres supremos que podríamos crear un segundo mundo, usando el mundo natural sólo como bloques de construcción para nuestra nueva creación."[2]

Acorde con esta cosmovisión, se rompieron los nexos vitales que nos unían con la naturaleza, y ésta se volvió salvaje, amenazante y por tanto susceptible a ser sometida y domesticada, pues de esa manera podía ser usufructuada. Este dominio natural por el hombre fue justificado incluso por las religiones monoteístas y patriarcales, como se observa claramente en los siguientes versículos bíblicos:

> Y dijo Dios: hagamos al hombre a nuestra imagen, conforme a nuestra semejanza; y ejerza dominio sobre los peces del mar, sobre las aves del cielo, sobre los ganados, sobre toda la tierra, y sobre todo reptil que se arrastra sobre la tierra ...Y los bendijo Dios y les dijo: sed fecundos y multiplicaos, y llenad la tierra y sojuzgadla; ejerced dominio sobre los peces del mar, sobre las aves del cielo y sobre todo ser viviente que se mueve sobre la tierra.[3]

Una de las consecuencias del sistema dominador patriarcal consistió en la construcción de la personalidad egoísta centrada en valores de dominación masculina, a la que se puede denominar machista.

Desde la perspectiva psicológica, el egoísmo se asocia a cierta actitud infantil en la cual los sujetos no logran descentrarse de su dependencia materna a la que le demandan les otorgue los nutrientes indispensables para su crecimiento y atienda sus necesidades sin dar nada a cambio. Esta fijación materna se traslada también a la naturaleza, a la que también le extraen sus recursos de una manera no retributiva sino depredadora. Es por ello que hablamos de una posición egoísta no sólo en el sentido social sino también natural y cósmico, al considerase el ser egoísta como el centro del universo. Esta actitud egoísta es producto de la fantasía inconsciente y dependiente, pues como considera Fernando Césarman, muy tempranamente el infante se acostumbra "a recibir todo gratuitamente del exterior, con un estirar el brazo y con un abrir la boca el objeto gratificante se encuentra disponible."[4] El mundo es idealizado como un gran útero a disposición de los caprichos del menor.

En la sociedad industrial, esa actitud egoísta e inconsciente se acrecentó al incrementarse el consumo y posesión de bienes y servicios de una manera sin precedentes. Allí nuestro proceder egoísta, consumista y despilfarrador adquiere dimensiones catastróficas. En esta organización social atribuimos al "yo" tanto cualidades reales como ficticias, pero lo principal es que consideramos este "yo" no como una relación social sino como una posesión personal, como un objeto, por lo que cosificamos nuestra personalidad. De allí que Fromm argumente críticamente:

> nuestro yo es el objeto más importante para nuestro espíritu
> de propietario, porque incluye muchas cosas: nuestro cuerpo,
> nuestro nombre, nuestra posición social, nuestras posesiones,
> la imagen que tenemos de nosotros mismos y la imagen que
> los otros tengan de nosotros.[5]

Pero al igual que los productos de la sociedad de consumo, nuestro ego es desechable. Pues en este modo de producción, la identidad se adquiere, se usa, se desecha e incluso se compra una nueva para repetir un círculo vicioso consumista. La consecuencia de tal fenómeno social es la creación de un individualismo siempre insatisfecho.

En realidad, éste dominio se extendió hacia los propios seres humanos, ante todo sobre aquellos que presentaban vínculos más directos con el mundo natural como fueron las mujeres, los niños y los pueblos llamados "salvajes."

Por otro lado, hablamos de machismo en el sentido de que cómo hombres no sólo nos enseñoreamos sobre la naturaleza, sino también sobre nuestra contraparte femenina, a la que también deseamos someter a nuestros arbitrarios caprichos. Este machismo también tiene raíces históricas patriarcales, pues con el paso del tiempo la hombría "paso a medirse en términos de posesión de bienes valiosos—tierra, ganado, dinero—así como en términos de poder sobre otros, particularmente mujeres y niños."[6] Esta tesis es confirmada por Leonardo Boff y Rose Murano, quienes señalan que fue posiblemente el afán de someter a la naturaleza lo que "llevó al hombre a dominar a la mujer… por el hecho de estar más próxima a los proceso naturales de gestación y de cuidado de la vida."[7] Dicho proceso, argumentan, llevó a "naturalizar" la situación de dominio histórico que dio cabida no sólo al egoísmo sino al ego-machismo, expresión cotidiana y personal del orden patriarcal.

El ego-machismo se encuentra relacionado a uno de los dos modos de existencia propuestos por Fromm, el "tener." Como modelo dominante, el tener está fincado en una actitud egoísta encaminada a la posesión principalmente material, pues es un sustantivo: "tengo cosas." El segundo modo de existencia, el "ser," presenta una orientación solidaria y está enfocado en el proceso, en la actividad y en las relaciones, pues es un verbo. Los individuos egoístas suelen confundir el ser con el tener. En palabras del mismo Fromm, el egoísmo significa "que lo deseo todo para mí; que poseer y no compartir me da poder, que debo ser avaro, porque mi meta es tener, y que más *soy* cuanto más *tengo*."[8] De allí deriva una fórmula que orienta el comportamiento de los sujetos en la sociedad actual: yo soy = lo que tengo y lo que consumo. Por su parte, el modo existencial de "ser" hace referencia a la realización humana en su relación con todos los seres vivientes.

La diferencia entre tener y ser como modos de existencia fue sintetizada de manera magistral por Boff y Maruro,[9] como se observa en el siguiente cuadro.

Tener y poseer	Ser y compartir
Esfera de lo público	Esfera de lo privado
Competición	Cooperación
Poder como privilegio	Poder como servicio
Jerarquización	Liderazgo democrático
Centralización	Red
Hostilidad	Conciliación
Manda de arriba hacia abajo	Estimula de abajo hacia arriba
Autoritarismo	Consenso
Asume un rol social	Autenticidad personal
Gana/pierde	Gana/gana
Administra	Cuida
Estatus egocéntrico	Realización personal y grupal
Gobierna por medio del temor	Gobierna por medio de la persuasión

¿De qué manera se construyen los modos de existencia orientados a la posesión o la solidaridad en la sociedad y con respecto al mundo natural? Ese es el tema del siguiente apartado.

Niñez, socialización y vida cotidiana

Cuestionarnos sobre la forma cómo cada sociedad ha educado a las nuevas generaciones implica indagar sobre los valores y códigos de conducta que —de manera consciente o inconsciente— las y los adultos transmiten a sus vástagos. Dicho de otra manera, una de las principales vías por las que se reproduce la cultura de un colectivo humano es través de los conocimientos y las pautas de comportamiento que las generaciones mayores transfieren a las menores, esto es, a sus niños y niñas. En particular, la revisión histórica y personal de los menores nos ayuda a reconocer las formas en que se han (re)producido los imaginarios y los comportamientos machistas.

En líneas generales, sostenemos el argumento siguiente: las redes de sociabilidad en que están inmersos los pequeños suelen promover formas agresivas, a manera de ritos de paso, a fin de que los pequeños puedan ser aceptados socialmente. Esto contribuye a construir una identidad masculina de carácter machista.

Sin embargo, la adquisición de esta sensibilidad por parte de niños y niñas no se realiza de manera espontánea. Es necesario que las y los menores se sometan a un proceso sistemático de socialización a través del cual van asimilando un cúmulo de valores y pautas de conducta conforme a los imaginarios del grupo social al que pertenecen. De esa manera, la construcción de su personalidad es producto de un proceso de identificación que el menor solidifica a través de sus vivencias cotidianas con otros sujetos que le sirven de modelo de comportamiento. De allí que Peter Berger y Thomas Luckmann señalen que, en su diario vivir, los adultos presentan a las y los pequeños las acciones de una manera secuencial y reiterada, lo que facilita que se fijen en su conciencia como situaciones previsibles. Son estas rutinas de la vida cotidiana las que permiten que en cada menor se vayan configurando "esquemas tipificadores,"[10] esto es, principios rudimentarios que facilitan la organización de la información del entorno conforme a ciertos patrones.

A través de éstos primeros esquemas, niñas y niños inician la aprehensión de las relaciones sociales. Esto se debe a que los objetos que manipula el pequeño no son naturales sino tienen ya el sello humano, o en términos de Gerard y Barbara Lloyd, están marcados socialmente. Así, por ejemplo, cuando una niña toma una muñeca o un niño manipula una pistola están aprendiendo a manejar un objeto dentro de categorías que los propios adultos han establecido. De esta manera, "las marcas sociales asocian relaciones cognitivas con relaciones sociales."[11]

A decir de David Gilmore, tres son las funciones básicas que orientan la socialización masculina en el mundo occidental: contribuir a la reproducción biológica, proveer al sustento material del colectivo y proteger al núcleo familiar. Por ello considera que al hombre del orden patriarcal se le puede denominar "el varón preñador-protector-proveedor."[12]

Estos tres mandatos sociales los aprenden los hombres desde su más tierna infancia. Como "futuros preñadores," los pequeños comienzan a reconocerse como diferentes del sexo femenino y a establecer claras diferencias sexuales. Por ejemplo, el niño va poco a poco relajando las espontáneas expresiones de cariños hacia sus madres, al menos en público, y el menor empieza a señalar límites o lugares—regularmente privados—en donde puede manifestar su amor filial. A medida que el pequeño crece, las expresiones de afecto se van haciendo más medidas y calculadoras.

En cuanto a su función de proveedor, a los menores con frecuencia se les asignan breves tareas como hacer compras a la tienda, hacer mandados en zonas más alejadas del hogar y, dentro de casa, hacer pequeños arreglos para el mantenimiento del inmueble hogareño.

Sin embargo, es principalmente la función de protector la que desde muy temprano aprenden los menores. Para convertirse en un hombre protector, los pequeños necesitan desarrollar una personalidad que se ajuste a los cánones sociales de virilidad y hombría. A decir de Gilmore, hombría significa "valerse por sí mismo como actor independiente y orgulloso, y plantar cara cuando hay una provocación."[13]

Esta personalidad viril que la mayoría de los menores se sienten obligados a adquirir se realiza a través de un sinuoso proceso a través del cual los niños van mostrando signos de hombría. La competencia deportiva, las frases altisonantes y las cotidianas muestras públicas de valentía y pundonor son pequeñas pruebas que van forjando el camino que los inducen a convertirse en "hombre."

En este devenir, la red de amigos, compañeros y familiares juegan un papel importante, pues se convierten en el entorno que impulsa a los pequeños a adquirir el "carácter" adecuado para merecerse el calificativo de varón.

Hacia una masculinidad orientada ecológicamente

Sostenemos que uno de los factores del vacío existencial de la sociedad actual estriba en que hemos caído en cuenta que la promesa de un mundo feliz sustentado en el consumo ilimitado de bienes es un camino que nos conduce al precipicio del ecocidio y con ello a la propia destructividad humana. En palabras de Fromm:

> hemos tratado de resolver nuestros problemas existenciales renunciando a la visión mesiánica de la armonía entre la humanidad y la naturaleza, y al conquistar a la naturaleza, al transformarla para nuestros fines, su conquista se ha convertido cada vez más en equivalente de destrucción.[14]

Consideramos que es necesario reconectarnos con nuestro linaje vital y cosmológico, pues todos los seres compartimos no sólo un mismo origen, sino que estamos constituidos por esa energía cósmica que se condensa en materia tan pequeña como las moléculas, los átomos y otras partículas ultramicroscópicas, apenas descubiertas por la ciencia. Por ello señala la feminista ecológica Charlene Spretnak que en los

> niveles sutiles de percepción, estamos en constante cambio, siempre conscientes de nuestra conexión con los demás seres humanos, con el resto de la naturaleza terrestre y con la totalidad del universo.[15]

En este capitalismo global consideramos que se vuelve necesario reconocimiento no sólo la hegemonía de un orden patriarcal-industrial sino también nuestro modo de existencia ego-machista, orientado por la posesión y el consumo derrochador. Si sólo nos quedamos con la denuncia hacia al exterior sin volcar la mirada e nuestro interior, jamás reconoceremos la estructura de nuestro carácter depredador, producto de una socialización orientada hacia la dominación y el tener.

Desde la perspectiva de Thomas Berry, debemos transitar de una personalidad egoísta a una ecológica, es decir, de una visión antropocéntrica a una geocéntrica. O en términos de Valerio Ortolani, si queremos evitar el ecocidio, es necesario transitar de una generación egocéntrica a una generación ecocéntrica. Este es un viraje más psíquico que físico, que reivindica el papel de los seres humanos en la tierra, pues de depredadores de la naturaleza pasaríamos a ser el "corazón comprensivo del universo."[16]

Consideramos que en estos momentos el movimiento ecologista y el feminista están a la vanguardia para reorientar no sólo la relación entre los sexos, sino también con la naturaleza, y con ello brindar un nuevo sentido al desarrollo humano. En este momento el ecofeminismo libra una lucha que nos interpela como varones de manera directa, como bien lo observa Capra:

> Con el desafío del orden y del sistema de valores del patriarcado el movimiento feminista ha introducido una nueva comprensión de la masculinidad y de la persona que no necesita ya asociar la masculinidad con las posesiones materiales. En su nivel más profundo, la visión feminista se basa en el conocimiento femenino, basado en la propia experiencia, de que todo lo vivo está conectado, de que nuestra existencia está siempre inmersa en los procesos cíclicos de la naturaleza. Por consiguiente, la conciencia feminista busca la plenitud en el cultivo de las relaciones personales, más que en acumulación de bienes materiales.[17]

Sostenemos que para contribuir al Gran Giro, desde la perspectiva de género, una clave reside en que los varones integremos lo mejor de la visión femenina en nuestro propio accionar. Siguiendo a Boff y Maruro[18] presentamos un cuadro síntesis de dicha integración, con la aclaración de que lo femenino y masculino no constituyen un rasgo esencialista de cada sexo, sino que es social y culturalmente adquirido. De allí que sea posible modificar nuestras percepciones, emociones y actitudes.

TIPO DE ORIENTACIÓN		
Masculina	**Femenina**	**Integración**
Cuidado de la mente	Cuidado del cuerpo	Integración mente-cuerpo
Obra según principios abstractos	Obra según necesidades concretas	Obra según principios universales pero orientados según necesidades concretas
Valora la autonomía personal	Valora las relaciones sociales	Conserva la autonomía dentro de las relaciones
Actúa con base el conocimiento previo	Actúa con base en la intuición	Equilibrio en un conocimiento intuitivo
Inteligencia	Sensibilidad	Inteligencia sensible
Pensamiento abstracto	Pensamiento concreto	Pensamiento analógico
Generalización	Detalles	Perspectiva micro-macro
Conocimiento intradisciplinar	Conocimiento interdisciplinar	Conocimiento transdisciplinar

Consideraciones finales

Como varones podemos impulsar un movimiento de eco-masculinidad, recuperando los señalamientos de Fromm para la constitución de un hombre nuevo que parafrasearemos en una apretada síntesis:

- Disposición a renunciar a las formas del "tener," para poder "ser" y realizarnos plenamente.
- Amar y respetar la vida en todas sus manifestaciones.
- Resignificar nuestra existencia con base en la solidaridad.
- Estar plenamente presente donde uno se encuentre.

- Hacer del pleno desarrollo del sí mismo y del prójimo la meta del supremo vivir.
- Desarrollar la imaginación para anticipar las posibilidades reales de un mundo mejor.
- Percibir la unión de la vida, comprender y cooperar con la naturaleza.
- Vivir cada día lo más plenamente posible.

En suma, consideramos que es factible participar en el Gran Giro si, además de identificar las diferencias de género, consideramos su complementariedad, y aún más, si fomentamos su integración y buscamos su trascendencia, en la unidad (no dual) de la que formamos parte. Es decir, al tomar conciencia de que, más allá de la perspectiva de género, somos hijos e hijas de la naturaleza, de la tierra y del universo. Es necesario romper la celda mental y cultural que nos impide ver más allá de nuestro propio sexo y caer en cuenta que somos parte de la comunidad biótica, que compartimos la misma genealogía de todos los seres vivos y que actuamos conforme a la energía armoniosa que nutre el cosmos, cuya base es el amor.

Mujeres en círculo: Reconectando y sanando el cuerpo/ser femenino

Gisela Valdés Padilla

Diversas mujeres se reúnen en círculos ecofeministas en la ciudad de Guadalajara, México, que tienen como eje central la "espiritualidad femenina" y "conectarse" con el propio cuerpo y la tierra. Los círculos de mujeres son espacios de vínculos y relaciones entre mujeres, son momentos ritualizados para la palabra, el canto, el cuerpo femenino, el útero, la sangre menstrual y la feminidad. Algunas de ellas encarnan prácticas corporales/personales de bienestar y autosanación, así como concepciones de un cuerpo femenino cíclico, sano y sagrado. Las mujeres en círculo están elaborando formas identitarias, culturales y sociales de hacer género; ellas proponen nuevas y antiguas significaciones culturales, construyen prácticas reivindicativas y liberadoras de aspectos reprimidos personales y colectivos. Los círculos constituyen una fuente de nuevas formas de existencia más en armonía con la tierra y señalan el resurgimiento de una cultura simbólica-material de la experiencia del cuerpo femenino y de ser mujer.

El cuerpo/ser toma un papel central en este momento evolutivo; es el elemento consciente, práctico y cotidiano para las reconfiguraciones y los cambios en las vidas y conciencias humanas. En muchas ciudades del planeta hay cada vez más mujeres en relación y vínculo con un movimiento de conciencia del cuerpo/ser femenino. Las mujeres se reúnen en círculo para compartir conocimientos y saberes ancestrales, así como experiencias contemporáneas que permiten desmitificar al cuerpo femenino patologizado por una ciencia médica jerárquica y dual.[1] Las mujeres en círculo están encarnado maneras ecológicas y no duales del cuerpo/ser, ellas cuestionan a la medicina, a la industria farmacéutica y a la industria de la "higiene íntima" femenina. El arte, el ritual y el cuidado de sí son el lenguaje reivindicativo y desobediente de los discursos provenientes del paradigma medico dominante, proponiendo otras maneras de ser mujer.

En los últimos años, en ciudades de México[2] y del continente americano, europeo y australiano,[3] el movimiento de "conciencia femenina" en torno a rituales y círculos de mujeres es cada vez mayor. Las reuniones circulares femeninas son reinvenciones de prácticas ancestrales llamadas "carpas lunares," "*tepees* lunares" (*moon lodges*) o "carpas para sangrar." Las mujeres en círculo están recuperando narrativas antiguas de dichos espacios femeninos en donde históricamente se reunían para compartir experiencias, conocimientos, saberes sexuales-vitales, del cuidado y de la salud. También en las carpas lunares se compartía la ética colectiva para el buen caminar de la comunidad. Las mujeres se reunían en espacios femeninos para enseñar-aprender conocimientos y alternativas a problemáticas colectivas e individuales—los círculos constituían el consejo de mujeres de la comunidad.

Éstas mujeres vivían el tiempo y el espacio para la reflexión y la experiencia positiva de lo femenino, de la menstruación y de las relaciones entre ellas. Como ya bien dijo Virginia Wolf, las mujeres nos hemos visto despojadas de espacios personales, espacios para desarrollar sentimientos de autovaloración. Ahora, las mujeres en círculo tienen conciencia de la necesidad de espacios femeninos, espacios íntimo-colectivos, espacios personales y espirituales para replantearse la vida, la salud y el bienestar. Espacios en donde sea posible reconstruir la identidad desde un profundo cambio perceptual de lo que es ser mujer y concebirse como agente de transformación y sanación de sí misma, de otras mujeres y del planeta.

Círculos de mujeres y su incidencia contemporánea

Los círculos de mujeres y las carpas rojas[4] y lunares son espacios en las ciudades y sus alrededores, en los barrios, en los parques, para que las mujeres se reúnan a compartir conocimientos y crear experiencias psico-emocionales y espirituales. En este contexto, la creación de círculos contemporáneos de mujeres es un síntoma de la necesidad de un espacio femenino íntimo en respuesta al contexto dominante, capitalista y médico que jerarquiza, excluye, violenta y reprime.

Los círculos y carpas son reuniones ritualizadas, lugar de vínculos y de relaciones. Se busca que sean espacios seguros para la expresión de la palabra y la emoción, para el intercambio de saberes, experiencias y recursos para el bienestar. La experiencia en los círculos y las carpas permite en las mujeres una vivencia alternativa a las lógicas lineales de la ciudad; en éstos espacios, los vínculos y las emotividades son centrales. Así, diversas mujeres están creando espacios de sororidad y *affidamento*.[5] Los círculos de mujeres, por su ritualidad, están llenos de experiencias sensoriales, sensuales y estéticas, experiencias saturadas de movimiento, de emociones, de significados, son espacios de reflexividad, sanación y trasformación.

Los círculos y las carpas son espacios para hablar del cuerpo íntimo de manera abierta, sencilla y natural, para vivir experiencias de bienestar y sanación desde otra cultura simbólica y espiritual que reivindica al cuerpo y las epistemes femeninas y ancestrales. Las experiencias de bienestar que se comparten en las reuniones resuenan en las mujeres, efecto que posibilita rupturas y cambios cognitivos.

Jean Shinoda Bolen, analista Junguiana, visualiza cómo el "millonésimo círculo"[6] de mujeres en todo el planeta inclinará la balanza hacia una nueva humanidad consciente. Las mujeres en círculo, como una comunidad diversa y dinámica, son agentes de cambio eco-social. El empoderamiento y la acción eco-política de las mujeres en círculo forman parte del proceso de construcción de otras formas de ciudadanía planetaria. Mujeres co-creativas y activas, mujeres en conciencia corporal, con conciencia de género y conciencia ecológica. Mujeres que viven otras formas de ser y de vivir, identidades "yoicas" e identidades colectivas eco-femeninas para la sanación, el bienestar y la vida.

El eje espiritual de los círculos de mujeres es re-creado en los símbolos y las prácticas ecoespirituales; espiritualidad encarnada e inmanente, espiritualidad que reconoce la divinidad en cada ser viviente en la tierra, que encuentra sagrada la diversidad cultural y vital. Las mujeres en círculo enfatizan la búsqueda-encuentro de la espiritualidad en su ser interior. Ellas comparten cosmovisiones (lenguaje común que evoca símbolos arquetípicos), nombran las experiencias de las influencias cíclicas naturales y concientizan juntas la conectividad física, social, psíquica y espiritual: entendimiento—consciente y corporal—de que tod@s estamos interconectados como un organismo vivo y que formamos parte de los ritmos del universo. Las prácticas materiales y simbólicas, cotidianas, rituales y espirituales que realizan pretenden conectar y sanar vínculos con ese gran todo. Estas exploraciones buscan incorporar una espiritualidad cotidiana en la experiencia individual y colectiva, respetando y preservando la vida íntegra, sana y digna para todos los seres.

Cuerpo/ser femenino: Cíclico, sano, sagrado y sangrante

Las mujeres están recuperando y re-significando saberes antiguos y ancestrales, saberes corporales y emocionales que han estado inconscientes y reprimidos, saberes que germinan y crecen en las subjetividades individuales y colectivas. Los conocimientos que las mujeres entretejen muestran las interconexiones que nos hacen cuerpo/ser femenino. Saberes de las diversas maneras que podemos reconocer, encarnar y llevar a la vida cotidiana el poder de retomar al cuerpo, las emociones, el placer, la sexualidad, la salud y la fertilidad. Las mujeres en círculo estudian, profundizan y difunden remedios y disciplinas enfocadas a la salud y el bienestar femenino holístico y en interconexión. Ellas amalgaman conocimientos biomédicos y saberes ancestrales y femeninos, creando un conocimiento integrado y holístico. Al resignificar el útero, la menstruación, la menopausia y la vejez femenina promueven el parto humanizado, la no-concepción natural y la maternidad consciente.

Las mujeres en círculo encarnan (hacen cuerpo y experiencia) prácticas de bienestar y (auto)sanación, así como concepciones de un cuerpo femenino cíclico, sano y sagrado. Ellas resignifican al cuerpo/ser femenino como fuente de auto-conocimiento, creatividad, bienestar y poder. Así también, redimensionan al útero como un órgano corporal femenino, elemento integral de la experiencia femenina de ser y estar en el mundo. El útero, elemento biomaterial y simbólico de identificación e igualdad con todas las mujeres, es un centro de poder femenino. Reconocen la menstruación como un dominador común en la experiencia de ser mujeres; experiencia diversa y cambiante en cada mujer. El útero es llamado "mente/útero" o "útero/ corazón," y desde ahí resignifican y reivindican al cuerpo femenino y la naturaleza cíclica de la que aprenden, reconocen y hacen somáticamente consciente.

La menstruación es una de las cuatro fases del ciclo femenino,[7] ciclo complejo de interacciones hormonales, emocionales, psíquicas y etiológicas. Las mujeres en círculo integran una narrativa que vincula, contiene y describe la naturalidad del ciclo sexual-vital femenino, ciclo influenciado por las fases de la luna y el ciclo solar. La naturaleza cíclica de la menstruación se encuentra informada por ciertos arquetipos femeninos, lo cual está ligado a la sanación del linaje materno, la humanidad y la tierra.

Las mujeres parten del conocimiento del funcionamiento hormonal y su íntima conexión con el psiquismo, la emoción y el comportamiento. Así, las prácticas cotidianas de las mujeres en círculo se basan en la conciencia encarnada del funcionamiento hormonal para vivir de manera más libre los cambiantes pensamientos, sensaciones, emociones, necesidades y deseos del ciclo menstrual.

Usar eco-alternativas menstruales es parte importante del proceso consciente y corporal de resignificar la sangre y la menstruación. Las alternativas ecológicas para la sangre menstrual son toallas de algodón confeccionadas en casa o bien diseñadas por mujeres que emprenden su micro negocio. También las copas menstruales son una alternativa, y cada vez encontramos más opciones en el mercado mundial. Los discursos de las mujeres en círculo y de las activistas menstruales animan a tener una experiencia directa con la sangre para reflexionar en cómo la industria de la "higiene" femenina estigmatiza la menstruación para vender sus productos desechables y contaminantes. Se ha comprobado la toxicidad de los productos sintéticos de higiene femenina y de sus procesos de fabricación, asociados con enfermedades como el cáncer, síndrome de shock tóxico, endometriosis, entre otras.[8]

Las mujeres en círculo animan a conectarse con su cuerpo/útero para intuir-saber qué es lo que su cuerpo necesita. Comprenden y viven el estado menstruante como un estado de creatividad femenina y proponen prácticas y experiencias menstruales ecológicas, rituales, psicoespirituales y artísticas. Las mujeres están encontrando en su estado menstruante y en su sangre un aspecto profundo de autoconocimiento que las lleva a reconocer el significado sagrado del cuerpo/ser femenino y del ciclo vida-muerte-vida. De esta manera, las mujeres viven experiencias auto-curativas al re-encontrarse consigo mismas, con su cuerpo, con la tierra y la luna.

Hacia una gyn-ecología autogestiva y sanadora

En el proceso de reconocimiento corporal, autoconocimiento y sanación, diversas mujeres en círculo proponen una gyn-ecología autogestiva para hacerse responsables de su cuerpo, su salud y la no-concepción de manera natural. Las mujeres están encontrando terapias y disciplinas para recuperar el goce y el placer del cuerpo y de su experiencia sexual-vital completa y compleja. Desde una gyn-ecología autogestiva se hace posible abordar concepciones de malestar y enfermedad como mensajeros y aliados del autoconocimiento.

El proceso de malestar/enfermedad-sanación tiene que ver con recordar y reconectar con la sabiduría personal y ancestral. La medicina que cura tanto en sentido físico como psicoemocional es la medicina de la tierra, la medicina de todas las relaciones (con plantas, animales, elementos, la luna y el sol), así como la medicina que posee cada una de las mujeres. En colectivo, las mujeres son capaces de sanarse de acuerdo a su concepción holística del cuerpo/vida. Sanan lo personal y también lo histórico que ha vivido y sufrido el linaje femenino.

De esta manera, las mujeres en círculo están tejiendo una red social que permite un flujo de saberes y experiencias articuladas a las ecologías terrestres. Este flujo aporta referentes materiales y simbólicos para construir espacios, corporalidades e identidades eco-femeninas; experiencias que reconectan con lo femenino como una energía sagrada y poderosa que asiste en la sanación individual y colectiva. Las mujeres están encarnando cosmovisiones complejas, espiritualidades holísticas, eros-céntricas y pan-vitalistas; prácticas transversales en tiempo y espacio. Esto produce entendimientos de que todas y todos estamos interconectados como un organismo vivo, en un tiempo evolutivo de conciencia con un gran potencial de sanación en donde el papel de las mujeres y la vivencia de lo femenino es clave para vivir mejor la vida humana y planetaria. Las mujeres están atendiendo el llamado para reconocer que la vida es sagrada, para reconocer a la madre tierra y lo femenino que habita tanto en hombres como en mujeres y en toda la creación.

La Educación superior y el Gran Giro: Una experiencia dentro de la Universidad Veracruzana

Tania Romo-González, Raquel González-Ochoa y Carlos Larralde

En la práctica educativa tradicional es muy común observar una separación entre los saberes de los estudiantes y su desarrollo personal y social. Esto es de gran importancia, ya que la educación fragmentada que es transmitida por generaciones tiene grandes impactos en muchas esferas de nuestro mundo. Recientemente diversas teorías postulan que la integración de saberes holísticos no solo forma mejores personas, sino que tiene implicaciones en el aprendizaje curricular. Las universidades enfrentan un nuevo desafío: el de construir un entorno que propicie conductas y estilos de vida saludables de estudiantes y profesores que sean ejemplares para la sociedad. En la Universidad Veracruzana, éste tipo de enfoques comienzan a ensayarse. Ejemplo de ello es la Experiencia Educativa "Autoconocimiento y Cuidado del Alma," de la cual se muestran sus efectos no sólo en el aprendizaje y el desarrollo del estudiante, sino como contribución necesaria para el Gran Giro.

Los males de nuestro siglo se manifiestan en forma de obsesiones, adicciones, violencia y pérdida de sentido, los cuales según Moore se deben a la "pérdida de alma," a la división entre la mente y el cuerpo,

la mente tiende a irse sola, como si no tuviera nada que ver con el mundo físico. Al mismo tiempo la vida materialista puede ser tan absorbente que nos quedamos atrapados en ella y nos olvidamos de la espiritualidad. Lo que necesitamos…

es el alma, en medio, manteniendo la unión entre mente y cuerpo, de ideas y vida, de la espiritualidad y del mundo.[1]

Pero, ¿qué nos enseñan en el aula? Justo a perpetuar estas separaciones, pues un alto porcentaje de los enfoques en la educación son esencialmente cognitivos, aún cuando diversos estudios han demostrado que el aprendizaje involucra otras competencias como la técnica, la relacional y la emocional.[2]

En particular, una de las competencias menos reconocidas es la competencia emocional, sin embargo, es la que más interfiere con los procesos mentales. Por ejemplo, por mucho tiempo se creyó que para tomar buenas decisiones y manejar nuestras vidas, debíamos ser lógicos, racionales e inteligentes, pero en la vida real esto es insuficiente, ya que eliminar la habilidad para emocionarse o sentir emociones nos discapacita para aprender. Es decir, las emociones pueden eclipsar nuestras habilidades intelectuales, procedimentales y relacionales o pueden facilitarlas.[2]

Asimismo, se ha demostrado que a través de la inteligencia emocional se desarrollan diferentes tipos de habilidades y actitudes que son: la habilidad para experimentar pensamientos, sentir las emociones y reaccionar en consecuencia.[2] Y es que las emociones juegan un papel importante en procesos mentales como la memoria, la atención, el juicio, entre otros. Se ha demostrado que la inteligencia emocional hace que los estudiantes se sientan motivados, muestren interés, se comprometan, perseveren y colaboren, que sean flexibles y con una mentalidad abierta y que se tornen más creativos y compasivos. Por el contrario, el mal manejo de las emociones actúa en su contra, ensombreciendo el intelecto, la manera de proceder, bloqueando el conocimiento, propiciando la deserción, el ausentismo, la retardación, la resistencia, la mala comunicación, los conflictos interpersonales, la falta de colaboración y la inseguridad.[2]

Además, el bienestar personal se potencia con un mejor aprendizaje. Por ejemplo, el estado de ánimo positivo amplía la atención[3,4,5] y estimula el pensamiento creativo,[6,7,8] en contraste con el estado de ánimo negativo que estrecha la atención[3] y estimula el pensamiento crítico y analítico.[8] Ambas formas de pensar son por supuesto importantes, pero las escuelas enfatizan el pensamiento crítico más que el pensamiento creativo, y el estado de ánimo negativo que a menudo se encuentran en el aula facilita primordialmente el pensamiento crítico.[9] Visto desde esta perspectiva, el éxito de los programas educativos es justamente la incorporación de las competencias emocionales.

Una respuesta pedagógica a la división mente-cuerpo de la educación formal y la incorporación de las competencias emocionales en el aprendizaje es la formación integral, considerada como una

> perspectiva de aprendizaje intencionada, tendiente al fortalecimiento de una personalidad responsable, ética, crítica, participativa, creativa, solidaria y con capacidad de reconocer e interactuar con su entorno para que construya su identidad cultural. Busca promover el crecimiento humano a través de un proceso que supone una visión multidimensional de la persona, y tiende a desarrollar aspectos como la inteligencia emocional, intelectual, social, material y ética-valoral.[10]

Por lo que, desde una perspectiva ampliada, el aprendizaje en general, pero más en específico el de una profesión, implica no sólo la adquisición de conocimientos concretos y las técnicas adecuadas para el ejercicio profesional, sino también requiere la internalización de valores, actitudes y formas de comportamiento que contribuyan a que el estudiante participe en la transformación y el mejoramiento de las condiciones sociales. Es decir, la educación superior debe incluir los conocimientos y habilidades para el desempeño profesional mediante conocimientos teóricos y prácticos; el desarrollo de herramientas metodológicas que posibiliten el auto-aprendizaje permanente; elementos para propiciar en los estudiantes la generación de actitudes y valores éticos y de responsabilidad social para convertirlos en seres creativos, críticos y comprometidos con el desarrollo de la sociedad.

> La formación integral ha sido concebida también como un proceso continuo de desarrollo de todas las potencialidades del ser humano que lo orienta hacia la búsqueda de su plenitud, el

aprender a ser, aprender a hacer, aprender a aprender, aprender a emprender y aprender a convivir...La formación del ser humano comprende el desarrollo del espíritu, a través de la cultura; del intelecto, mediante la vida académica; de los sentimientos y emociones, por la convivencia y la vida artística; de la integridad física, a través del deporte y la orientación para la salud; y de la vida social, mediante actividades cívicas.[10]

Felicidad, bienestar y educación

Al respecto, a lo largo de la historia de la humanidad, la felicidad y el bienestar han sido estados de ser buscados por la mayoría, pero que todavía nos resulta confuso encontrar y andar el camino hacia esas cualidades tan preciadas. Suponemos que la mayoría de la gente tiende a creer que la felicidad y el bienestar vendrán en un futuro lejano en forma de bienes materiales o de circunstancias externas favorables, descartando la posibilidad de una felicidad y/o bienestar aquí y ahora.[11]

Los educadores suelen cometer el mismo error porque creen que el bienestar y la felicidad de sus estudiantes se producirán en el futuro, y consideran el aprendizaje como una dotación de conocimientos, habilidades y actitudes que les ayudarán a encontrar un buen trabajo y las condiciones de vida para ser felices.[11] Creen además que "la felicidad" es algo que se da automáticamente por el hecho de haber tenido una educación formal, un trabajo y una familia. Pero, ¿realmente ayudamos a nuestros alumnos a aprender a ser y estar felices? Y si son la felicidad y el bienestar los bienes que los seres humanos más valuamos, ¿por qué no cultivarlos en el día a día en el aula?

Por otro lado, existe una marcada tendencia en instituciones de educación superior a reducir los contenidos curriculares de la oferta educativa en disciplinas estrechamente circunscritas. Aunque la tendencia a utilizar el enfoque por competencias en los programas de educación superior ya tiene algunos años y que su uso obedece a la creciente demanda de la sociedad de conocer las capacidades que desarrollan los profesionistas en las universidades y al interés de mejorar su preparación y garantizar su incorporación al ambiente laboral en nuestro país,[12] pocas instituciones ofrecen una educación integral, concebida como un proceso complejo, abierto e inacabado, mediante el cual se contribuye no sólo a desarrollar competencias profesionales, sino también, y fundamentalmente, a forjar en los estudiantes nuevas actitudes y competencias.

Aunque en teoría la entrada del Modelo Integral y Flexible (MEIF) en la Universidad Veracruzana cumple con la demanda de una formación integral, aún existe una predominancia del aprendizaje tradicional en el aula. En ésta, los procesos de formación se diseñan con base a una descripción analítica de áreas de conocimiento. Por tanto, son pocas las facultades que promueven la incorporación de la noción de competencia en la que es preciso describir los conocimientos, habilidades y actitudes que son necesarios para la profesionalización de los estudiantes. Es decir, la introducción del enfoque por competencias no es solamente una nueva expresión de los resultados del aprendizaje, sino que tiene implicaciones epistemológicas y pedagógicas que conducen a una transformación del proceso educativo y su evaluación.[12]

Por tanto, aún cuando la Universidad Veracruzana contempla la formación integral en sus programas educativos y que uno de sus ejes es la Universidad Saludable,[13] es necesario reafirmar estas intenciones en programas y estrategias concretas. A continuación se muestra una Experiencia Educativa que ha sido aplicada con estudiantes y profesores de la Universidad Veracruzana y que persigue contribuir a la formación integral, equilibrando la adquisición de conocimientos con el cultivo de habilidades y actitudes que permitan el desarrollo académico, personal y social de los estudiantes, potenciando de esta manera su bienestar y el de las generaciones futuras.

Esto último es de gran importancia ya que de acuerdo con Seligman y la psicología positiva, es necesario trabajar sobre tres pilares básicos: 1) las emociones positivas, 2) los rasgos positivos (virtudes y fortalezas personales) y 3) las instituciones positivas que faciliten el desarrollo de las emociones y los rasgos positivos. En este sentido, para tener una sociedad sana es recomendable sembrar en niños y jóvenes pensamientos y hábitos que generen adultos sanos en el futuro.[14] Es necesario generar un cambio de cosmovisión, una nueva perspectiva de la realidad y nuestro rol en ella, los cuales implican un cambio perceptual, cognitivo, de valores y creencias a los que hace referencia la tercera dimensión del Gran Giro.[15]

Intervención psico-educativa Autoconocimiento y Cuidado del Alma: Aplicación y resultados

Tal como se mostró en el apartado anterior, es necesario cultivar y desarrollar en el aula hábitos, valores y emociones positivas que permitan a los estudiantes no sólo desempeñarse mejor en su ámbito laboral, sino también tener vidas más plenas y saludables que sirvan de ejemplo para las generaciones actuales y futuras.

Con este propósito se elaboró una Intervención Psico-educativa (IPE) basada en los tres pilares de la educación positiva de Seligman y colaboradores: fomentar emociones positivas, hacer énfasis en los rasgos positivos de los estudiantes (virtudes y fortalezas personales) y crear instituciones positivas que faciliten el desarrollo de emociones y rasgos positivos. Por lo que los objetivos de ésta IPE se encaminan a mejorar el rendimiento académico de los estudiantes, propiciar en ellos medidas de promoción de la salud a través de la generación de estilos de vida saludables y brindarles un espacio en donde se les enseñen técnicas y estrategias que les permitan desarrollar habilidades para la vida. Dentro de estas habilidades podemos citar la empatía y la asertividad, el mejoramiento de sus relaciones sociales, el aprendizaje de toma de decisiones, la resolución de problemas y conflictos, el manejo de emociones y estrés y la puesta en marcha de su propia creatividad—todo ello a través del autoconocimiento.[16]

La IPE lleva el nombre de "Autoconocimiento y Cuidado del Alma," la cual consta de 15 sesiones de 4 horas y está diseñada por diferentes metodologías y enfoques teóricos y terapéuticos, entre los que destaca: la ecopsicología, la bioenergética, la terapia narrativa, la logoterapia, el chi-kung y la terapia 3S (Spiritual Self-Schema, por sus siglas en inglés). Todo esto ofrece a los estudiantes la oportunidad de hacer un trabajo de introspección y de crecimiento personal, al mismo tiempo que desarrollan factores de protección a través de la reconexión con su cuerpo, emociones, pensamientos, comportamientos y con su entorno.

La IPE se diseñó en tres etapas. La primera (sesiones 1-5) está centrada en la reconexión del individuo a través de sus sentidos consigo mismo y con la naturaleza. Para ello se utilizan técnicas como el chi-kung y la relajación, las cuales vigorizan la energía vital e incrementan la percepción de nuestra interacción con el mundo, así como técnicas de ecología profunda para reconectar al individuo con su entorno natural.[17,18,19] En la segunda etapa (sesiones 6-7), se explora el dolor físico y emocional, ya que de acuerdo a la bioenergética, la logoterapia y la ecopsicología, el tener una percepción positiva del dolor y conectarnos con él, nos permite encontrarle significado al sufrimiento, pues el dolor es una forma de aprendizaje y no sólo una carga en la vida.[20,21] Esto último es de gran importancia ya que la dicha y el bienestar se logran cuando además de buscar placer el individuo tiene una vida comprometida y llena de sentido.[22] Finalmente, durante la tercera etapa (sesiones 8-15) se dota al individuo de las herramientas necesarias para mantener una vida comprometida y llena de sentido. Esto a través de la terapia narrativa[23] y mediante la práctica de las 24 fortalezas de la terapia 3S.[24] Aquí se incluye la identificación y renunciación del esquema de pensamiento que nos hace daño y su reemplazo mediante la práctica de la meditación *anapanasati*, ejercitando los 10 músculos espirituales (*paramis*) (firme convicción, esfuerzo, ecuanimidad, moralidad, amor bondadoso, tolerancia, generosidad, renunciación, sabiduría y verdad) y ejercitando el compromiso de preservar y promover la vida en la tierra.[19]

Todo esto permite al individuo fluir, tener emociones positivas y alcanzar una vida llena de sentido al fortalecer sus conexiones con otros seres y con generaciones futuras, causas que trascienden la propia existencia.[25,26] La felicidad y el bienestar son actitudes innatas al ser humano, las cuales por tanto pueden ser educadas a través de un proceso que involucre el mejoramiento de las formas de pensar, sentir y actuar, a pesar de limitaciones biológicas y ciertas circunstancias fuera de nuestro control.[11]

La evaluación de los efectos de la IPE se probó al ofertarla como taller a los estudiantes de enfermería matriculados en la Universidad Veracruzana durante el periodo inter-semestral de verano del 2011. En esta intervención participaron de manera voluntaria 45 estudiantes, los cuales contestaron 5 instrumentos para medir salud y bienestar, sentido de vida, significado del sufrimiento, percepción de estrés y consumo de drogas antes y después del taller.

De manera general, se encontró que la IPE mejora significativamente el comportamiento de los estudiantes, lo que los lleva además a un mejor estado de salud y bienestar. Estas mejoras fueron más profundas en aquellos individuos que ya tenían desarrolladas estas áreas previamente.[16] Además, el análisis indicó que no sólo hubo mejoras en los estudiantes, sino que había una jerarquía u orden de importancia; influyendo primero en lo físico, seguidas de lo mental y emocional, y, finalmente, en lo relativo al ser y al sentido de vida. Los jerarquía expresada en los resultados obtenidos va de acuerdo a la jerarquía de necesidades humanas de Maslow.[27] Aunque la IPE mejora la salud, bienestar y comportamiento de hombres y mujeres, se encontró que las mujeres tuvieron mejores puntuaciones al final del taller. Llama la atención que los hombres casi alcanzaron los niveles de las mujeres al termino de la IPE.[16]

Además, exploramos la multidimensionalidad de la salud y del comportamiento en los estudiantes[28-29] con la esperanza de revelar la existencia de una red psico-emocional que potencialmente gobierna el estado del individuo.[30]

Se encontró que los valores de correlación de las variables psico-emocionales de los alumnos medidas por los cinco cuestionarios se organizan en forma de red. Las variables de la red con mayor importancia o los nodos más conectados (hubs) fueron el pensamiento, la comunicación, la intimidad, el sentido de la vida y las conductas de riesgo, tanto en las mujeres como en los hombres. Mientras que la respiración, la trascendencia, encontrar significado, jugar/trabajar y la auto-responsabilidad y el amor son nodos secundarios que conectan con el resto de las variables. Proponemos que la IPE primero activa la mencionada red mediante el pensamiento y la comunicación, los que a su vez activan los centros secundarios y luego el resto de las variables, determinando así el estado psico-emocional de la persona. Estos resultados van en concordancia con el proverbio que versa: "la mente precede a todas las cosas; la mente las gobierna, la mente las fabrica. Si alguien habla o actúa con una mente pura, entonces la felicidad le seguirá como la sombra que no se va."[31] Esto también en concordancia con el enfoque cognitivo-conductual[32] en el que, el pensamiento, cuando se traduce en emoción o acción, pueden propiciar la felicidad o sufrimiento dependiendo de la naturaleza del propio pensamiento.

Para que se dé un cambio es importante modificar los patrones o hábitos de la mente que hemos ido aprendiendo a lo largo de la vida. En ocasiones llegamos a manifestar conductas autodestructivas (adicciones, compulsiones, conductas de riesgo, entre otras) cuando actuamos en automático y dejamos de ser conscientes de nuestras emociones, atributos y conductas negativas.[24]

Reflexiones finales

Tal como se mostró previamente, la educación integral, la inteligencia emocional y la educación positiva plantean que el trabajo psico-emocional no sólo mejora la salud y el bienestar de un estudiante, sino también su rendimiento. Por tanto, otra hipótesis a probar con la IPE es si ésta tuvo algún efecto sobre el rendimiento académico de los estudiantes. Al comparar las calificaciones de los estudiantes se encontró efectivamente que una mejora en su rendimiento académico después de tomar el taller.[33] Esto coincide con lo que postula la educación positiva: la felicidad y el bienestar están vinculadas con un mejor aprendizaje. Y es que de manera indirecta, la IPE sirvió como medio para fomentar la felicidad a través del desarrollo de capacidades y fortalezas que lleva a los individuos a disfrutar de las cosas, a alcanzar un equilibrio y a sentirse satisfechos con la vida.[11,14]

Por último, se volvieron a aplicar los instrumentos con la finalidad de conocer si los cambios permanecían en el tiempo, observándose que los índices promedio de las variables analizadas aunque decrecen con el tiempo, mantienen el efecto positivo de la IPE. El decremento del efecto de la IPE puede ser el resultado de la sociedad plural y contradictoria que vivimos en materia de valores morales y cívicos, la cual minimiza los efectos benéficos y limita su duración.

El disfrutar de los beneficios de la IPE requiere su repetición, reflexión, entrenamiento, perseverancia y optimización, por lo que es deseable que se creen dentro de la Universidad Veracruzana los espacios académicos donde los estudiantes puedan extender su práctica y el desarrollo de las habilidades adquiridas por la IPE.[33] Al respecto, en la actualidad se han impartido dos cursos para profesores con el propósito de ampliar su cobertura, de los cuales se está evaluando su efecto en el personal académico y se está elaborando un diplomado para que los espacios académicos donde se practiquen éstas habilidades sean cada vez más diversos en la Universidad Veracruzana.

CAMBIO *de* COSMOVISION

Ciencia, sabiduría y sanación

Fernando Ausin Gómez

El "Gran Giro" es un término acompañado de muchos significados y que ha sido utilizado para definir procesos profundos de transformación global. Este ensayo resume en términos generales dos de los puntos de vista más importantes al respecto, el de la comunidad científica internacional y el de los abuelos de tradiciones indígenas. Para poder mejor entender las implicaciones de vivir en tiempos del Gran Giro se enfatiza el proceso de sanación personal, social y ambiental como una respuesta prometedora y una solución potencial para la familia humana. El enfoque es el de poder transitar de manera sutil ante los grandes cambios existentes y venideros.

Quizás para algunos, hablar de algo como el "Gran Giro" sea algo totalmente nuevo, desconocido, y hasta sacado de alguna película New Age. Para algunos otros, pudiese parecer un tema relacionado a las creencias religiosas o dogmáticas de algún grupo específico de personas. Sin embargo, para muchos otros, el Gran Giro es un cambio de era transcendental en el cual muchos paradigmas, estructuras y esquemas de vida son cuestionados, volcados y en muchas ocasiones, reemplazados.

Independientemente de cuales sean nuestras perspectivas actuales relacionadas al Gran Giro, analicemos los puntos de vista de dos grandes grupos que aportan a este tema: la comunidad científica internacional y los herederos de grandes sabidurías ancestrales—los abuelos de los grupos indígenas. De esta manera, podremos tomar decisiones personales informadas y sabias al respecto y unirnos al Gran Giro de manera pacífica y respetuosa.

Ciencia

Desde un punto de vista científico-intelectual, el Gran Giro ya está ocurriendo—o está a punto de comenzar. Aún cuando no se le categorice con ese nombre, los grandes cambios están—indiscutiblemente—ocurriendo en todo el planeta. Según el último reporte del 2014 del Panel Internacional del Cambio Climático (IPCC) de la Organización de las Naciones Unidas (ONU), la organización intercontinental que mide y regula uno de estos cambios planetarios,

> la influencia humana en los sistemas climáticos son claros y en crecimiento, con impactos claros que se pueden observar en todos los continentes. De seguir así, el cambio climático incrementará las posibilidades de impactos severos, constantes e irreversibles en las personas y los ecosistemas.[1]

Es decir, existen cambios en los sistemas globales con consecuencias adversas para la población mundial y para todos los que habitamos esta tierra.

Analicemos el por qué están ocurriendo estos cambios climáticos y por qué están ocurriendo ahora. Nuestra "huella ecológica" o el efecto que los humanos tenemos sobre el medio ambiente, según es cuantificada por la red estadounidense Ecological Footprint Network, mide cuántos recursos consume la humanidad y los efectos que esto tiene en nuestra biósfera. Según sus últimos estudios, "desde el fin de los años 70's, la humanidad está en un sobregiro ecológico con demanda anual excediéndose en los recursos que puede regenerar la tierra cada año."[2] Actualmente, la humanidad en general está consumiendo los recursos equivalentes a los de casi un planeta y medio. Cuando solamente contamos con un planeta, es importante reconocer que los recursos que estamos consumiendo de más hoy en día pertenecen a las futuras generaciones, y que hacer estas acciones sin cuestionarlo pone en riesgo severo el futuro de la raza humana.

El sobreconsumo de los recursos planetarios de una manera tan acelerada causa problemas a nuestra atmósfera mediante los gases que emitimos. El índice numérico que se utiliza para medir estos gases de efecto invernadero, causantes de los cambios atmosféricos del clima, se mide en partes por millón (ppm) de bióxido de carbono en la atmósfera. En los últimos años la humanidad en general ha provocado emisiones que han sobrepasado los niveles que los expertos consideran sanos para que la vida humana siga existiendo como lo ha hecho hasta el momento. A partir de los primeros días del 2015, cruzamos el umbral de los 400 ppm de bióxido de carbono. Según el Dr. James Hansen, científico y ex-Director del Instituto Goddard de Estudios Espaciales de la NASA,

> si la humanidad desea preservar un planeta similar al cual la civilización se ha desarrollado, y en el cual la vida en la Tierra se ha adaptado, la evidencia paleo-climática y el cambio climático en curso sugieren que las emisiones de bióxido de carbono deberán reducirse [de los niveles actuales] a un máximo de 350 ppm.[3]

Lamentablemente, no solamente hemos superado esa marca en las últimas décadas sino que la humanidad desenfrenada sigue acelerando su paso hacia el desequilibrio climático.

Como si la ciencia del cambio climático y de las emisiones de bióxido de carbono no fuesen suficientes, existe aún otro factor a considerar: la veloz degradación de los recursos naturales. Según el grupo Center for Biological Diversity, una organización no-gubernamental de los Estados Unidos, "actualmente estamos atravesando la peor racha de muerte de especies desde la pérdida de los dinosaurios hace 65 millones de años."[4] Cabe mencionar que los efectos dominó de tal extinción masiva serían catastróficos para el planeta entero y no solamente la humanidad.

Para la comunidad científica, apartidista y laica, estamos viviendo, indiscutiblemente, el tema más importante y de mayor magnitud mundial. Ni siquiera los últimos descubrimientos en nanotecnologías computacionales, los vuelos espaciales a otras partes del sistema solar, el crecimiento del Producto Interno Bruto nacional o los desarrollos de vanguardia en el ámbito de políticas públicas son tan importantes como éste. Simplemente, si los cambios planetarios ocurren al ritmo al que están previstos, la sobrevivencia de la humanidad y de gran parte de la vida que existe en este planeta está en riesgo. Repito, la sustentabilidad de nuestra raza se encuentra comprometida. De seguir así, en poco tiempo los humanos deberíamos de comenzar a aparecer en las listas de especies en peligro de extinción.

Suena bastante abrumador, ¿no lo crees? Desde un punto de vista racional, intelectual y científico, deberíamos de estarnos despidiendo de esta gran existencia en el planeta. A menos que los grandes grupos políticos, empresariales y sociales tomen acción inmediatamente, lo más probable es que los efectos del cambio climático y la degradación de los recursos naturales no permitan que la vida humana continúe por mucho tiempo. Dado el panorama político y económico global, muchos científicos y expertos consideran que los cambios experimentados hasta hoy podrían constituir una realidad irreversible.

Sabiduría indígena

Afortunadamente, éstas presunciones científicas no cuentan toda la realidad: la perspectiva que acabamos de relatar solamente cuenta una parte de la historia. A pesar de que la parte racional de nuestra existencia es importante, tal y como los hemisferios de nuestro cerebro, solo es una mitad de la realidad. Nos falta incluir un hemisferio: el hemisferio holístico, emocional y espiritual. Para relatar esto, veamos los recuentos de los grandes grupos de sabidurías ancestrales—los grupos indígenas.

Según algunos pueblos nativos, existen profecías muy antiguas que contaban acerca de la "Gran Transición" o este Gran Giro que estamos atravesando. Por ejemplo, abuelos del pueblo indígena Hopi en el estado de Arizona, al Sur de los Estados Unidos, cuentan que los tiempos del Gran Giro han llegado. El abuelo Martin Gasheosoma de Second Mesa cuenta acerca de la profecía de la "Kachina de la Estrella Azúl."[5] Según sus abuelos, al llegar ésta profecía, las señales acerca del cambio de las eras hacia el "quinto sol" se comenzarían a ver en la vida rutinaria. "Sembrarán semillas con guantes," cuenta una señal profética, y a principios de abril durante la temporada rutinaria de siembra la nieve sigue cayendo en los cañones de Arizona. "Los niños tendrán niños" y jóvenes comenzando la adolescencia ya cargan hijos en sus rebozos dentro de la comunidad indígena. Y así siguen apareciendo señales que abuelos de su tribu ven como el final de los tiempos y el comienzo de los próximos.

De acuerdo a uno de los conteos matemáticos del tiempo de los Mayas, estamos actualmente atravesando el cambio de una gran era de casi 26,000 años. Aunque la fecha precisa es difícil de localizar (pero muchos apuntan al 21 de diciembre del 2012 como el marcador del cambio), algunos sabios herederos de esta cultura ancestral afirman que los cambios recientes confirman la transición de eras, en el cual el sistema solar, el planeta y la humanidad estamos cambiando de una era de oscuridad y guerras, a una era de mayor conciencia y luz. Cabe remarcar que éstos cambios no son esperados que ocurran de la noche a la mañana, sino en un periodo de tiempo de varios cientos, sino es que miles de años. Esto, para algunos abuelos Mayas, Shoshone, Teotihuacanos y de otras tradiciones, representa el cambio de era profetizado; el Gran Giro que estamos comenzando a atravesar.

Estos mismos abuelos de grandes sabidurías espirituales comentan que entrar a esta nueva era de mayor conciencia y transparencia requiere de una introspección profunda y amplia. Necesitamos auto-analizarnos a muchos niveles: primeramente a nivel personal, continuando con una evaluación social y paralelamente reconocer nuestro impacto global.

A nivel personal, la ciencia nos indica que debemos reducir nuestro consumo en absolutamente todos los aspectos. El decrecimiento (reducción de consumo) es una teoría cada vez más aceptada ante la crisis civilizatoria. Y cuestionarnos a nivel personal "¿qué realmente necesito para vivir?" es la base en la cual se basa esta teoría. Recordemos que vivimos en un planeta con recursos limitados, en el cual ya hemos comenzado a consumir más recursos de los que la tierra puede regenerar. Debemos cuestionar absolutamente todo lo que consumimos y preguntarnos cuales serán los efectos que ese consumo tendrá en otros seres del planeta, ya sea hoy en día o en el futuro.

Los indígenas de la nación Iroqués del Noreste de los Estados Unidos contaban con el acuerdo de la "Séptima Generación." Cada miembro de la sociedad debía de tener en cuenta los efectos que cada acción tendría a la séptima generación, siete generaciones hacia atrás en el tiempo y siete generaciones hacia el futuro.[6] Para ejemplificar este punto, imaginemos la tala de un árbol. Para una persona que busca recursos y ganancias económicas, pudiese parecer muy fácil sacar un hacha o una motosierra y talarlo. Sin embargo, la persona que cuenta con el acuerdo de la Séptima Generación debe considerar si alguien de su linaje o pueblo quizás sembró, cuidó o protegió ese árbol siete generaciones atrás, y los efectos que talar ese árbol tendrán en siete generaciones en el futuro. Es un análisis personal, social y planetario bastante complejo y sumamente completo. También es importante reconocer que el dinero—o los recursos en general—cumplen con un balance y equilibrio perfecto. Por ponerlo en términos simplistas, por cada cosa (peso, recurso, etcétera) que tú tienes, alguien (o en muchos casos "algo" de la Madre Tierra), no cuenta ya con ello. Piénsalo. Cada cosa que tú tienes significa que alguien (o la Madre Tierra) ya no lo tiene. ¿En verdad necesitas tantas cosas?

Segundo, hablar de sustentabilidad social en este planeta infiere inmediatamente incluir y aprender de los grupos sociales más sustentables de la historia: los pueblos autóctonos y miembros de las comunidades indígenas. En México (y todo el continente Americano), durante los últimos 500 años, el modelo civilizatorio principal es foráneo, occidental y no-orgánico a estas tierras. La cultura y forma de pensar de las tradiciones nativas han sido conquistadas, erradicadas y en muchas situaciones borradas de la historia. De hecho, según José Narro, rector de la Universidad Nacional Autónoma de México, "En 500 años México ha sido incapaz de pagar su deuda con los pueblos indígenas."[7] Mucho menos ha sido capaz de incluirlos en su modelo civilizatorio.

Es fundamental reconocer que algunos grandes grupos y tradiciones indígenas aún permanecen en estas tierras. Esos grupos indígenas—a pesar de no ser incluidos ni tomados en cuenta dentro de la perspectiva política, económica y social del país y del continente—como vimos anteriormente, cuentan con grandes lecciones acerca de la sustentabilidad de la sociedad. Si en realidad queremos seguir sobreviviendo en este planeta, es nuestra responsabilidad buscar y aprender de estos grandes grupos. Suficiente han sido los siglos de opresión y subyugación a los modelos y estilos de vida de los grupos sustentables. Actualmente podemos reconocer que el modelo civilizatorio occidental no es sustentable en todas sus facetas, y por lo tanto no funciona.

Debemos aprender de los grupos y civilizaciones que tradicionalmente sí lo han sido a través de los milenios si es que queremos seguir llamando al planeta tierra nuestra casa.

Finalmente, a nivel global las acciones que los humanos provocamos al planeta son cada vez más obvias. Primeramente es importante señalar el tema del agua, el vital líquido gracias al cual todos existimos. Muchas campañas publicitarias nos invitan a tomar pequeñas acciones para reducir nuestro consumo de agua, como lo son cerrar la llave del lavabo al lavarnos los dientes, sellar goteras de agua en nuestras casas, etcétera. Sin embargo, sería inteligente y hasta crítico preguntarnos ¿cuáles son las causas raíz del consumo principal del agua?

Según expertos internacionales, "la gran mayoría del agua potable del planeta es destinada a la manutención y el crecimiento de los alimentos que producimos para los animales que nos comemos."[8] Adicionalmente, esos mismos animales producen mediante sus gases y excrementos, uno de los principales gases causantes del efecto invernadero—el gas metano atrapa hasta 100 veces más calor en la atmósfera que el bióxido de carbono. En términos prácticos, reducir y eliminar nuestro consumo de carne animal industrialmente producida sería lo más inteligente y sabio que los miembros de la sociedades pudiesen hacer para el planeta y para la sustentabilidad de su raza sobre la Madre Tierra. Sería importante seguir analizando cuales son los factores destructivos más importantes que los humanos causan en este planeta y comenzar a crear planes de minimización y eliminación de dichas acciones. Puesto en palabras de los sabios de culturas ancestrales, reconocer cuales son "todas nuestras relaciones:" saber de donde proviene nuestra agua, quién crece nuestros alimentos y a donde terminan nuestros desechos.

Sanación

Personalmente hablando, habiendo trabajado con la educación hacia la sustentabilidad humana en Estados Unidos y México durante los últimos 8 años, visitando, entrevistando, y aprendiendo de grandes mentes científicas y sabios indígenas por igual, considero que es fundamental emprender un mecanismo de sanación inmediatamente en tres niveles: a nivel individual;

a nivel social en nuestras respectivas bio-regiones; y a nivel mundial, todos juntos a la vez.

Para la sanación individual, podemos comenzar a sanar nuestros "tres cuerpos," como lo consideran los abuelos Mayas. Primero debemos sanar nuestro cuerpo físico. Somos lo que comemos, y eso significa cuestionar que introducimos a nuestro cuerpo: nuestra alimentación y nuestros medicamentos. Es fundamental reconocer cuáles son los alimentos que nos sirven y cuales no nos nutren, y como podemos sanarnos holísticamente con nuestra comida. Sanar nuestro segundo cuerpo, el cuerpo emocional, significa recapitular y resolver todas las emociones negativas y dañinas que hemos acumulado a través de esta vida y las que llevamos en nuestro legado genético. Para ello existen muchas técnicas de sanación y liberación emocional que podemos utilizar, tanto en la medicina alternativa como en las tradiciones indígenas. Y tercero, sanar nuestro cuerpo espiritual requiere de un compromiso individual con nuestro espíritu, nuestra esencia, y de algún maestro/a que nos pueda instruir durante el proceso. Es fundamental que cada quién lo pueda hacer a su manera, siguiendo su fe y sus tradiciones y cumpliendo con las metas que cada quien se haya impuesto para esta vida.

Para sanar a nivel social, ya habiendo comenzado un proceso de sanación individual, debemos cuestionar y sanar los estigmas sociales que hemos estado cargando por muchas generaciones y que no nutren a una sociedad incluyente. En el caso de México y el continente Americano, es fundamental comenzar un proceso de reconciliación social con nuestros pueblos originarios. Considero necesario el reconocimiento de la historia de masacre, subyugación y destrucción social desde la conquista. Idealmente será necesaria una disculpa oficial de los grupos y herederos de las culturas invasoras a estas tierras, que han ignorado y casi eliminado las culturas y tradiciones autóctonas. Posteriormente será fundamental crear procesos de inclusión social en donde miembros de las culturas tradicionales puedan aportar al direccionamiento social de manera robusta y participativa. De no ser así, la sociedad seguirá viviendo quebrantada, herida y enferma.

Para la sanación a nivel planetario, es fundamental la unificación global de ciudadanos comprometidos, capaces y altamente enfocados en parar y revertir los daños ocasionados al planeta. Existen ejemplos exitosos en la física cuántica y en la sociedad de cuando un pequeño grupo de personas comprometidas ocasionan grandes cambios. Los experimentos de la Universidad Maharishi de los Estados Unidos es uno de ellos. Cuando emplearon un mecanismo de meditación transcendental en el centro de Washington, D.C. para fomentar una sociedad más pacífica, lograron reducir los niveles de crimen en un 30% mediante su enfoque e intención.[9] O el poder del rezo colectivo que los ciudadanos de El Salvador efectuaron en el 2005 para evitar que un huracán categoría 5 destruyera su país. Mediante su enfoque comunitario, también lograron que el huracán desviara su curso. Tal es, y siempre ha sido, el poder de la intención colectiva y del rezo comunitario—algo que los grandes sabios de este planeta siempre han sabido y que los avances científicos de la física cuántica hoy en día están redescubriendo.

Conclusión

Independiente a nuestra voluntad y deseos personales, el Gran Giro está ocurriendo hoy en día. Lo analicemos científica o socio-culturalmente, la realidad planetaria demuestra cambios contundentes a los que los miembros de la humanidad debemos adherirnos y adaptarnos si queremos seguir viviendo aquí. Reconociendo los modelos civilizatorios actuales, podemos evaluar que no solamente no han sido útiles en referencia a la sustentabilidad humana, sino que han puesto a nuestra especie en un grave riesgo de sobrevivencia. Por lo tanto, sería sabio aprender de los pueblos más sustentables del planeta, los pueblos originarios y grupos indígenas, para cambiar nuestros patrones sociales y aprender cómo vivir con menor impacto en el planeta. En el camino, los miembros de la sociedad humana deberemos efectuar un proceso de purificación y sanación a nivel personal, social y planetario. Mediante éstas acciones y una intencionalidad colectiva positiva podremos unificarnos para catalizar el proceso evolutivo humano necesario para adaptarnos a los grandes cambios. Aplaudo el trabajo de Living Flames y Bioalkimia por esta iniciativa. Visualicemos juntos, eduquémonos, actuemos, inspirémonos y motivémonos para este Gran Giro.

El combustible lo tenemos adentro: La energía sexual y el Gran Giro

Natalie Zend

Hay una avenida para la reconexión de la cual el Trabajo que Reconecta no parece aprovecharse explícitamente: la energía sexual. Esta energía vital nos conecta a la vida y a los poderes creativos de manera natural, primordial y encarnada. ¿Será que conectarnos a la energía sexual y aprender a canalizarla y dirigirla nos puede ayudar a co-crear la sociedad sustentable que pide nacer? ¿Sanar—en el ámbito sexual—patrones que niegan la vida, podrá ser una manera potente de acelerar la sanación del mundo? Y para los que practicamos o facilitamos el Trabajo Que Reconecta, ¿cómo sería integrar el campo sexual al Trabajo de manera consciente? Estas preguntas entablan la posibilidad de que nos volvamos vehículos aún más potentes para que la vida se sostenga a través de nuestro ser y actuar.

El Gran Giro, en su nivel más básico, es un giro hacia la vida. La sociedad de crecimiento industrial nos ha llevado a un cruce de caminos sin precedentes, el cual pone en peligro la continuación de la vida compleja en este planeta. Múltiples crisis interrelacionadas—desde el cambio climático y la extinción masiva de especies, hasta el pico del petróleo y el colapso económico inminente—son síntomas y consecuencias de lo que Julia Butterfly Hill llama la "dolencia de la desconexión."[1] El pronóstico es incierto, pero si algo nos va a salvar es la reconexión con la vida. Es volvernos recipientes para que la vida pueda sanarse a sí misma y renovarse a través de nosotros.

El Trabajo Que Reconecta tiene que ver precisamente con esto. Nos ayuda a "descubrir nuestras conexiones innatas los unos con los otros y con los poderes de sanación en la red de la vida."[2] El Trabajo integra y se inspira en la teoría de sistemas vivos, en la ecología profunda y en muchas tradiciones espirituales. Sin embargo, hasta donde yo sé, hay una avenida para la reconexión de la cual el Trabajo no se aprovecha explícitamente: la energía sexual—ese aspecto de la energía vital que se puede concentrar y canalizar a través de nuestros centros sexuales. Esta energía de excitación nos conecta a la vida y a los poderes de creación de manera natural, primordial y encarnada.

Con este ensayo, quisiera abrir un nuevo diálogo entre nosotros que estamos comprometidos con el Gran Giro. ¿Será que conectarnos a la energía sexual y aprender a canalizarla y dirigirla nos puede ayudar a co-crear la sociedad sustentable que pide nacer? ¿Sanar—en el ámbito sexual—patrones que niegan la vida, podrá ser una manera potente de acelerar la sanación del mundo? Mi experiencia vivida—parcial y limitada—me ha dejado vislumbrar estas dos posibilidades. Quiero extenderles aquí el potencial que veo, y con toda humildad pedirles unirse a mí para considerar la propuesta.

La autoridad del cuerpo

No soy sexóloga, terapeuta sexual ni profesional del sexo. Soy simplemente una mujer ordinaria. ¿Con qué autoridad escribo entonces sobre éste tema? La autoridad de mi cuerpo y las capacidades extraordinarias que éste me ha revelado con el tiempo. Durante veintisiete años sólo podía tener un orgasmo recostada de espaldas con estimulación del clítoris. Ahora los puedo tener generalmente a voluntad en cualquiera posición, sin necesidad de estimulación física cualquiera. Llegué a esto mediante un camino largo y fortuito. Pero estas habilidades, estoy convencida de ello, se pueden adquirir. Y sus implicaciones, según mi intuición, son mucho más grandes que yo.

Gracias a ésta capacidad orgásmica, he accedido a una llave que abre la puerta a un sentido encarnado de conexión con la vida. Me acompaña adonde vaya: está en mi respiración, en mi cuerpo, en mi atención y en mi intención. Es gratis cómo el aire y no requiere ni diploma, ni pareja, ni una sola transacción de pago. Más y más, me puedo enganchar a la corriente eléctrica de la vida y ponerla a bajo voltaje. De esta manera, tengo en mi cuerpo un barómetro con el que puedo medir mi apertura hacia la vida. La puedo sentir de la misma manera que sé que estoy respirando. Y en cuanto más me abro a la vida, más siento que contribuyo a ésta. Mis palabras y acciones toman una frescura, un poder, una claridad que no siento cuando vienen del aliento restringido y la tensión muscular que han sido mis hábitos durante décadas.

En esto, me parece, yace una llave. Una llave para nuestra supervivencia como especie. Una llave para la entrada del mundo nuevo que espera emerger. No estoy totalmente segura de ello, pero quiero poner a prueba y compartir con ustedes la posibilidad y el potencial de la energía sexual. Como en las palabras de Antonio Machado, "se hace camino al andar," esto que tengo para compartir con el mundo sólo puede tomar forma al expresarlo.[3] Esto es sólo el principio de una conversación y les estoy invitando a la mesa.

Nuestro potencial generativo: Nada menos que el nuevo ser humano

Mediante sueños y visiones he llegado a ver el potencial de la energía sexual de la siguiente manera. Estamos en la cúspide de una nueva era de madurez. La humanidad, como un adolescente, ha seguido creciendo en tamaño y en consumo. Ahora es el momento cuando los límites físicos de la Tierra piden que nuestro crecimiento material de paso a un salto evolutivo.[4] La adolescencia cede a la edad adulta cuando llegamos a ser sexualmente maduros y listos para criar a la nueva generación. De la misma manera, éste es el momento en que, como especie, estamos en el umbral de un nuevo nivel de madurez sexual. Nuestra libido puede convertirse en mucho más que una distracción o una fuerza destructora; es un portal hacia una creatividad renovada. Estos tiempos nos llaman nada menos que al acto creativo último: engendrar una nueva cultura humana que no destruya la base de la vida en este planeta, una humanidad que más bien sostenga la totalidad de la comunidad de la Tierra. Como especie, éste es el momento fértil en nuestro ciclo de vida en el que tenemos el potencial de ser padre y madre de un nuevo ser humano.

La vida negada—por dentro y por fuera

Sin embargo, miro alrededor y adentro y veo que, en la sociedad actual, nuestra relación con nuestra energía sexual ha sido negada y reprimida. Como indican Rosenberg y Kitaen-Morse, la gente "no deja que sus placeres eróticos interiores florezcan, porque temen o se avergüenzan por su naturaleza esencialmente erótica, o esconden la existencia de ella hacia sí mismos."[5] Algo que intensifica esta distorsión, es que la sociedad de crecimiento industrial ha convertido al sexo en una mercancía más, algo que es posible tener, perder o dar. El consumismo que sustenta nuestro sistema actual parece girar en torno de la manipulación del deseo sexual. Se usa la promesa del sexo para vender todo: desde pornografía y servicios de citas en línea, hasta cerveza, carros y ropa. Esto viene a reforzar la creencia de que el sexo es un producto vendible e independiente de nuestra humanidad.

Resulta que para muchos de nosotros en el mundo moderno, la búsqueda de la saciedad es fútil y sin fin. Me parece que somos como Mulla Nasrudin en la historia Sufí, buscando desesperadamente de noche bajo un alumbrado una llave que perdió dentro de su casa. Nasrudin hace esta cosa absurda porque hay más luz ahí que dentro de su casa.[6] Como él, buscamos afuera—es allí dónde nuestra economía de consumo y su industria de publicidad de billones de dólares apuntan su luz. Esto mantiene en marcha el motor de nuestra economía de consumo y de crecimiento, manteniéndonos enajenados del tejido mismo de la vida y alienados de la fuerza positiva de nuestra potencia creativa.

Un camino para reconectar con la vida

Una parte del cambio de conciencia que requiere el Gran Giro es que nos reconectemos con la energía erótica que fluye en nuestros cuerpos. Quiero aclarar que no estoy hablando necesariamente de actos sexuales. A lo que me refiero se acerca más a lo que Rosenberg y Kitaen-Morse describen como "una experiencia interior de energía sexual conjugada con los cinco sentidos [que] hace que todo sea más sensualmente placentero y gratificante." Continúan indicando que "se trata más del movimiento de una excitación sexual fluida que despierta sensaciones a través del cuerpo, y menos de los genitales, de comportamientos sexuales o de la liberación de tensión sexual." "La energía erótica," escriben, "trae un deleite adicional a todo lo que uno hace, tan rutinario como sea: tomar un baño, beber una limonada, o pedir una taza de té."[7]

Para mi gran sorpresa, lo que he descubierto oculto a plena vista es que, en contra de lo que nos dice el mundo moderno, la verdad es que no necesito nada fuera de mí para satisfacer la conexión sexual básica que anhelo. Lo que deseo es exactamente lo que me anima. Mi cuerpo mismo es mi conexión más inmediata con la vida y con el mundo natural. He hallado que para enchufarme en la corriente de la vida de manera más poderosa, ya tengo todo lo que necesito: la respiración, la conciencia del cuerpo interior, el poder de la intención y la capacidad para relajarme y abrirme. La energía y polaridad de otro o la vibración extática de un grupo pueden encender mi excitación y enriquecer mi placer, pero no son realmente necesarios.

Soy una mujer ordinaria, totalmente humana y falible. Si yo tengo acceso al potencial de mi energía sexual, sé que puede ser así para otros. Y gente como Gina Ogden han confirmado mi sospecha.[8] Estaba buscando afuera de mí cuando por accidente descubrí la llave exactamente donde la había perdido—dentro de mí misma. Ahora sé que es suficiente unir mi atención con el flujo vital en mí, moverlo y ser movida por él, para lograr la conexión vital que anhelo en forma encarnada.

Entonces por experiencia expongo que en ésta reconexión con la fuerza vital que habita y se mueve dentro de nosotros yace un camino no solamente para satisfacer nuestro deseo sexual, sino para reconectar con la vida en todas sus formas. Reunida con mi propia vitalidad primordial, me he vuelto amante del mundo, y el mundo entero se ha vuelto mi amante. Cuando toco la fuerza vital en mi propio cuerpo, participo en el juego dinámico de la energía sexual en todo—la hierba y los árboles, las células y sus mitocondrias. Como expresa Joanna Macy, ese "impulso erótico toma forma ahora mismo en cada uno de nosotros y en todo lo que encontramos—el conductor de autobús, el policía en la esquina, la ardilla en medio de un salto."[9]

Esto no es meramente un cambio perceptual. Me refiero a una experiencia encarnada de vibrar en resonancia con la vida. Durante un retiro de meditación hacen unos años, otra participante me contó que cuando se despierta en la madrugada, se queda acostada en la cama y siente sus células vibrando como si fueran una orquesta. Al día siguiente intenté hacer lo mismo y literalmente sentí la danza de la vida en mis células. Kenneth Ray Stubbs se refiere a "orgasmos del cuerpo espiritual," que "fácilmente podríamos pasar por alto si no los estábamos buscando."[10] Pero cuando alguien lo mencionó, ahí estaba. ¡Estas capacidades se adquieren! Lo único que se necesita para percibir el flujo sutil de la vida es sintonizarse con él. En un instante sentimos que somos a la vez una caja de resonancia para la música de la vida, y el músico invitando el sonido.

Combustible para una cultura de vida

Conectarme con la fuerza vital en mi cuerpo ha sido un camino directo e inmediatamente accesible para reconectar con todo lo que vive. Me parece que cuando me uno con la vida en el momento presente de una manera encarnada soy más capaz de actuar a favor de la vida en el planeta. Tal vez no lo puedo probar, pero mi experiencia subjetiva es que el elevar el manejo de la energía orgásmica en mi cuerpo y dejar que esta vitalidad me atraviese con mayor amplitud y carga eléctrica, me ha permitido servir mejor a la vida con mis pensamientos, mis palabras y mis actos.

Tomando lo anterior como punto de partida, me atrevo a proponer la teoría siguiente. La energía sexual es lo que nos impulsa a traer nueva vida al mundo. Cuando nos reconectamos a ésta energía de manera consciente y total, nos reconectamos con el combustible que se encuentra dentro de nosotros para alimentar el Gran Giro. ¡Y es cien por ciento renovable! El hecho es que nadie tiene un plan maestro para la creación de una sociedad sustentable, ni un mapa para llegar a tal destino. Estamos llamados a aceptar que no sabemos a dónde vamos ni cómo llegar allí. La invitación es que abramos nuestras mentes, nuestros corazones y nuestras voluntades como canales para la creación de una sociedad sustentable. Si conjugamos una actitud de apertura con una capacidad encarnada para ligarnos con los poderes creativos de la vida, ésta misma nos guiará hacia una renovación planetaria.

Transformar nuestra sexualidad, evolucionar como humanidad

Hasta ahora he estado hablando de nuestra capacidad para acceder y dirigir la energía erótica en nuestros cuerpos, y no de nuestro comportamiento sexual en sí. Ahora quisiera enfocarme en nuestras interacciones sexuales—ya sea con nosotros mismos, con otro o en una situación colectiva. Quisiera proponer que ahí yace otro potente camino, aunque tal vez más arriesgado, hacia el Gran Giro. Cambiar la manera en que nos relacionamos sexualmente me parece una manera poderosa para transformar nuestra forma de ser y de actuar en otros campos de la vida. Nos puede ayudar a volvernos seres humanos capaces de co-crear y mantener una sociedad sustentable—vivos, creativos, llenos de amor y unidos con la vida.

Nuevamente, mi punto de partida es mi experiencia personal. He encontrado en el campo sexual un lugar fértil para cultivar conscientemente unas de las cualidades que me parecen necesarias para que evolucionemos a una especie que sustenta la vida. Me refiero al desarrollo de capacidades como la atención plena, la suspensión del juicio, el escuchar profundamente tanto nuestro interior como el exterior, la espontaneidad y la autenticidad, la encarnación y un sentido expandido de nuestra identidad. Tal vez la capacidad más esencial entre ellas es el dejar que la vida fluya a través de nosotros y que literalmente nos mueva.

Estas cualidades se pueden desarrollar de muchas maneras que no son sexuales. Pero nuestra sexualidad, cuando nos permitimos su expresión natural, parece intrínsecamente una invitación a que abramos cuerpo, corazón y espíritu hacia la fuerza vital primordial. Invita a que la mente se disuelva para que nuestro ser y actuar sean plenos. Desde hace mucho tiempo se nos ha condicionado a responder y reaccionar según expectativas, obligaciones y normas sociales. Nuestras interacciones generalmente se enfocan en lograr lo que queremos y evitar lo que no queremos. Éstos hábitos nos han dejado restringidos y contraídos a todo nivel. El impulso erótico, si podemos deshacer los nudos internos lo suficiente para dejar que nos mueva, nos puede mostrar lo que realmente significa ser natural, libre, espontáneo y auténtico.

En la esfera sexual, el siguiente círculo virtuoso nos puede dar un empujón hacia experiencias más alineadas con la vida. En cuanto más nos abrimos al flujo de la energía vital a través de nuestro centro sexual, más bendecidos somos con placer e intensidad orgásmica. Con el tiempo, la recompensa intrínseca a esta práctica me ha ayudado poco a poco a deshacerme de la tendencia a vivir de prisa, orientada a resultados y constantemente preocupada por mi desempeño—dentro y fuera de la cama. He aprendido más y más a soltar mis agendas y abandonar guiones, coreografías y partituras. En cuanto más llego a escuchar y seguir el impulso del momento, más llego a alturas y profundidades extáticas. Eso me ha permitido soltar y dejar que mis movimientos sean guiados por la vida, y me ha mostrado cómo mi identidad y mi poder se expanden—en el campo sexual y más allá—cuando me uno con la fuerza vital que se mueve en mi.

De esta manera, creo que nuestras interacciones sexuales pueden ser una base para, como dicen Macy y Brown, "aprender maneras antiguas y nuevas de servir al bien común."[11] Nuestra sexualidad es un camino para ligarnos directamente a la fuerza vital y su capacidad generadora. Sanar la manera en que nos relacionamos con la fuerza vital dentro de nosotros puede ser un camino eficaz para acelerar la sanación de nuestro mundo.

El poder de la energía sexual puede también llenar el camino de escollos y riesgos. Por eso quisiera hacer un llamado a la precaución. Este camino tal vez no es para los pusilánimes. Ni tampoco se debe emprender a la ligera. En paralelo con mi experimentación y descubrimientos en este campo, también he pasado años estudiando y practicando modos para lidiar con los aspectos oscuros de mi psique. Con la comunicación no-violenta, el Trabajo de Byron Katie, el movimiento auténtico, el Process Work y otras prácticas, continuamente he dado espacio para emociones difíciles y pensamientos que niegan la vida, sosteniéndolos en la luz de la conciencia y la compasión. Creo que en ausencia de este tipo de conciencia esclarecedora, la conexión con nuestro poder sexual puede ser entorpecida por las parte inconscientes de la psique, tomarnos presos y hacer sufrir a los demás y a nosotros mismos. La frecuencia del abuso sexual entre maestros espirituales de toda índole es, a mi parecer, evidencia preocupante de esto.[12] Habiendo abordado este punto, regreso al Trabajo que Reconecta.

Volver a la vida

Una dimensión central del Trabajo Que Reconecta es que ofrece espacios y prácticas para honrar nuestro dolor. Los talleres del Trabajo ofrecen un "remanso y un laboratorio" para la exploración de nuestras respuestas internas al estado del mundo.[13] De esta manera, podemos exponer nuestras sombras personales y colectivas a la luz del día y aprovechar la energía que yace ahí para la auto-sanación del mundo. Así, creo que involucrarnos en el Trabajo nos puede apoyar en el manejo seguro de la energía sexual. Al mismo tiempo, me atrevo a preguntar si trabajar explícitamente con el *Eros* podría ser un complemento poderoso, o incluso una dimensión para integrar al Trabajo. Como lo he descrito arriba, la experiencia me indica que desarrollar destrezas con el manejo de la energía sexual puede fomentar una experiencia vívida de inter-ser. Puede expandir la identidad personal hasta abarcar la totalidad de la vida, animándonos a seguir adelante con mayor creatividad y coraje.

Tal vez no es casualidad que las enseñanzas y prácticas en torno a la energía sexual tradicionalmente han sido reservadas a los iniciados. Al mismo tiempo y desde mi punto de vista, el hecho de que lo que antes era conocimiento esotérico ahora se encuentre accesible es una gran oportunidad. Desde prácticas taoístas y el tantra Hindú y Budista hasta tradiciones chamánicas; muchas enseñanzas y guías nos pueden apoyar en el manejo diestro de la energía sexual. En occidente, ésta guía suele dirigirse a mejorar la vida sexual o a cultivar la salud personal. Algunos también reconocen el poder de la energía sexual para sanar el mundo. Y aquí adelanto la posibilidad de que la vitalidad erótica puede animar nuestra capacidad para concebir y dar a luz a una sociedad de vida.

Los dejo con estas preguntas: ¿Han tenido la experiencia de conectar con su energía sexual para potenciar su participación en el Gran Giro? ¿O pueden imaginarse experimentando con esta posibilidad? ¿Qué es lo que podría apoyar a que la gente aproveche el impulso erótico al servicio de la vida en este planeta? Y para los que practicamos o facilitamos el Trabajo que Reconecta, ¿cómo sería integrar el campo sexual al Trabajo de manera consciente?

Tengo sed de que estas posibilidades se realicen. Quisiera que nos volvamos los potentes vehículos de una sociedad sustentable que somos capaces de ser. Me parece que la fuerza vital creativa y generadora dentro de nosotros, cuando la tocamos directamente y con destreza, tiene el potencial de llevarnos hacia un futuro revitalizado. Cuando nos conectamos de manera profunda con el pulso de la vida en nuestros cuerpos, dejamos que la vida actúe a través de nosotros a favor de su continuación sobre la Tierra. De este modo, lo que sea que hagamos, será la vida quien lo hace. Nuestra creatividad al manifestar nuevos entendimientos y estructuras sociales se vuelve la creatividad de la vida que se sostiene a sí misma. Nuestro imperativo principal en estos tiempos es exigente y fácil a la vez—abrirse a la vida y dejar que viva a través de nosotros.

Temazcal: Vivencias y memorias desde el vientre de la Tierra

Fernando Cabello Hernández

Estas letras son una oportunidad de compartir algo que ha nutrido mi vida desde lo profundo. En torno al temazcal he vivido experiencias llenas de belleza y espíritu junto a un grupo de amigos y familias que compartimos el gusto por el fuego, por la cercanía con la tierra, el viento y el agua, con el canto, la danza y el tambor. El temazcal, simbólico del útero de la Madre Tierra, invita una renovada conciencia humana ligada a todas nuestras relaciones. Hay mucha más gente llevando adelante preciosas ceremonias de temazcal por todo México, ésta es solo una raíz más de este bosque de maravillas y misterios, gracias por el honor de su lectura. Por todas mis relaciones. Óka Héy.

A todas luces estamos viviendo un tiempo de profunda transformación donde late un fervor colectivo en el ambiente, un deseo por el descubrimiento del propio ser. El día de hoy, hijos y padres, nietas y abuelas, gente de todos los rumbos estamos escuchamos una voz que nos llama a casa para nutrirnos de la raíz original y desde ésta conciencia integrarnos como una sola familia humana. Es posible ver como cada vez más gente comenzamos a meditar, a danzar, a entrar a temazcales, a practicar yoga. Ponemos cada vez más atención en nuestra alimentación y vamos dirigiendo nuestro intento rumbo a la congruencia. Así que honrando este tiempo del Gran Giro y desde donde me encuentro, quiero compartir como he encontrado en la experiencia del temazcal una práctica de profundo autoconocimiento y como una oportunidad comunitaria para vivirse desde el espíritu.

Vivo en Amatlán de Quetzalcóatl, Morelos, un rinconcito sagrado en el centro de México donde palpita con fuerza la esencia de los ancestros. Soy temazcalero y los domingos salgo al amanecer por leña a los cerros cercanos. Uso sólo madera de árboles ya caídos y con ella enciendo el fuego donde calentaremos al rojo vivo las piedras para el temazcal. A eso del medio día comienzan a llegar amigos y familias que entrarán a esa estructura de sauce en forma de iglú cubierta con cobijas que representa el vientre de la Madre Tierra. Aquí en Amatlán, su nombre antiguo es *Tonanzin Tlalli*; un ser consciente lleno de amor incondicional a quien agradecemos por nuestro cuerpo físico, por el alimento, por el maíz y por todos los seres que vivimos en ella.

Rastreando las raíces de la Tierra

Al estilo de temazcal que cuidamos se le llama inter-tribal. Este estilo le fue heredado a Raymundo "Tigre" Pérez por familias tradicionales Lakotas y continuado por Heriberto Villaseñor, de quien brotó la semilla de lo que hoy es Raíces de la Tierra, una familia de temazcaleros en México, Chile, Colombia y Austria que compartimos en cada país la ceremonia de Kiva, una reunión internacional de abuelos nativos, la Búsqueda de Visión Visión (esos cuatro días de ayuno en solitario en la montaña) y recientemente la Danza del Sol, guiada con amor y sencillez por abuelos Oglala Lakota de las Black Hills.

Nuestro temazcal mira hacia el este y son bienvenidas personas de todas las razas y culturas para compartir cantos y escuchar la palabra que brota desde el corazón. El ritual comienza ofrendando tabaco al fuego; depositamos en él nuestra intención que con el humo subirá al cielo para ser escuchada. Entramos a este recinto sagrado poniendo la frente en la tierra y diciendo: "¡por todas mis relaciones!" De esta forma anunciamos que estamos ahí representando a nuestra familia y, según cuentan los abuelos, a siete generaciones del pasado y siete generaciones del futuro.

El nombre mexicano antiguo del temazcal es *temaxcalli*, comúnmente traducido como "casita del vapor" en la que se manifiesta la fuerza y el ímpetu del encuentro entre el fuego y el agua—el llamado *atlachinolli*—que llevó a nuestros ancestros a construir pirámides y precisar calendarios.

En las naciones nativas de Norteamérica al temazcal se le llama *inipi* que quiere decir " lugar donde se nace" y representa el vientre de la tierra. Es por eso que es sagrado, ahí estamos a salvo, protegidos. Entramos así en el mundo de los símbolos y de alguna forma revivimos nuestra propia vida intrauterina: echados en posición fetal en un ambiente húmedo, obscuro y calientito tenemos la oportunidad de sanar dentro de la profundidad de nuestro ser momentos difíciles y situaciones no resueltas del pasado.

Nos sentamos en la tierra en torno al ombligo del temazcal donde son puestas las piedras a quienes llamamos con cariño "abuelas." Entran al rojo vivo, llevando el fuego en su interior. Las recibimos poniendo sobre ellas copal para honrar así la memoria antigua, también salvia para tomar buenas decisiones, otras veces palosanto de Sudamérica para tener siempre dulzura en nuestra vida y en ciertas ocasiones con cedro para bendecir y agradecer la naturaleza y todo cuanto somos. Cerramos la puerta y se vierte agua sobre las piedras. El vapor representa el aliento del Gran Espíritu, aliento de vida, misterio y creación.

El temazcal generalmente se estructura en base a cuatro fases denominadas "puertas," que abordan distintos aspectos de la vida. La primer puerta se dedica siempre a la divinidad en cualquiera de sus formas y nombres, por ejemplo, *Wakántanka* el Espíritu Sagrado de los Lakota u *Ómeteotl,* la deidad generadora dual del México antiguo. Dirigimos cantos a las cuatro direcciones y se abre la palabra para quien quiera expresarse. Agradecemos por la vida y por todas las bendiciones que ya tenemos. El tiempo ahí dentro transcurre de manera distinta, es el tiempo del espíritu. En su preciso momento, el corredor del temazcal pide la puerta y ésta es abierta para que salga el vapor y entre el aire fresco de la vida acarreado por el viento.

La segunda ronda de rocas es para la familia, el rumbo del Sur, donde tomamos conciencia de nuestros lazos de sangre. Estamos ofrendando nuestro sudor a la tierra y podemos enviar ese calor a algún familiar que necesite energía y fuerza para alguna situación en particular.

En la tercer puerta honramos a la mujer, a su capacidad de dar vida, al rumbo del Oeste por donde se pone el sol y abre paso a la noche. Reconocemos el misterio. Así también, en esta tercer puerta recordamos a nuestros amigos, los que tuvimos de niños y los que tenemos hoy. Quienes han aprendido el arte del temazcal nos invitan a recordar aquí a nuestros no-amigos, aquellos que nos enseñan de manera difícil. También a ellos les dedicamos esta ronda.

Se dice que el camino de las naciones nativas de América es el camino del dar antes de recibir. Como ya ofrendamos al espíritu, a la familia, a la mujer y a los amigos, ahora en la cuarta y última puerta pedimos por nosotros mismos, por la inspiración y la voluntad para realizar nuestro sueños. Encontramos la fuerza dentro de nosotros mismos para realizar nuestra visión y alcanzar a expresar nuestro máximo potencial creativo sobre la tierra. El temazcal es una oportunidad de renacer, reinventarse y comenzar de nuevo.

Caminantes de la conciencia

Un suceso que recuerdo siempre fue en el 2012 cuando conocí a Matías de Stefano, un joven visionario argentino de la generación índigo que recuerda no sólo sus vidas pasadas, sino la historia de la humanidad y la vida en la tierra. En ese año Matías realizó un viaje alrededor del mundo llamado Harwitum y en su paso por México me tocó acompañarlo a las Siete Luminarias en Guanajuato (siete cráteres volcánicos dispuestos tal como la Osa Mayor). Viajando con él en su choche, me compartió de su experiencia con el temazcal: "¡ha sido la peor experiencia de mi vida!" (mencionaba con tono irónico). Me platicó que entró al temazcal con los Hopi en Arizona y el ritual lo llevó a revivir su primera encarnación en la tierra. Dice que fue algo fuertísimo, algo así como una negación, ya que no quería venir a la tierra con los humanos. Entonces le dijeron, "¡claro que sí!" "¡vas!" Cuenta Matías que fue una sensación como de cuando la lava entra al mar y de golpe se hace sólida. Ya todos habían salido del temazcal y él seguía adentro tendido sobre la tierra, agarrando aire para poco a poco salir y continuar con su viaje que culminaría en diciembre de ese mismo año en la Antártida.

Esta anécdota me habla de lo poderosa que es la ceremonia del temazcal y el efecto profundo que tiene en la percepción y en la conciencia de las personas. Para nosotros que seguimos aprendiendo, esta ceremonia significa una oportunidad para adentrarnos en los reinos de la conciencia universal.

Amatlán ancestral

Aquí en Amatlán llega gente de todo el mundo y es común tener en nuestro temazcal a sudafricanos, norte y sudamericanos, europeos y mexicanos de todos los rumbos cantando canciones de sus tierras. Todos compartiendo experiencias de cómo las comunidades nos estamos organizando para colaborar en el bien común. Así, hemos escuchado hablar de la soberanía alimentaria, del tequio o de las monedas alternativas como el Ollín de Tepoztlán que está fortaleciéndose en el entorno de una economía local, entre muchas otras ideas y proyectos.

En 2010 llegó a los cerros de Amatlán el Chief y Medicine Man Leonard Crowdog de la Nación Lakota para compartir la Danza del Sol. El Chief comentaba que la Danza de México se podría convertir en la más grande del mundo. Este gran hombre que ha entregado su vida a su gente y sus tradiciones elevó una plegaria por esta tierra diciendo: ¡"you share the peyote with us…now we share the Sundance with you, here in the old Mexico!!" ["ustedes comparten el peyote con nosotros…ahora nosotros compartimos el Sundance con ustedes, aquí en el viejo México."] ¡Viva Zapata! ¡Viva Crazyhorse!

Estamos cumpliendo dos años temazcaleando en esta tierra y cada uno ha sido inolvidable, cada temazcal es un milagro. Así que sigamos celebrando la vida, el abuelo fuego está encendido, la puerta está abierta, vamos encontrando un mensaje desde el silencio que de un nuevo giro a la espiral de la vida. Compartamos desde la tierra un abrazo que abarque al cielo y las estrellas…Ahoo!!

De la energía ecopsíquica y el Gran Giro

Adrián Villaseñor Galarza

La crisis ecológica, entendida como una crisis de conciencia e identidad, demanda un profundo cambio de perspectiva conseguido al restablecer la estructura y organización natural de la psique humana. La primera parte del escrito pone de manifiesto que el cúmulo de sentimientos, reacciones y contenidos psicológicos echados al abismo de la represión son una gran causa de enfermedad y destrucción. Posteriormente, se propone que la energía que da vida a las tendencias y contenidos de la mente ha de ser liberada de su prisión antropocentrista e industrial para ser llevada a la realización de interconexión con la comunidad de la Tierra. La energía psíquica se convierte en energía ecopsíquica. Finalmente se propone al ritual como herramienta clave para hacer disponible la energía ecopsíquica necesaria para sanar los parajes internos, hacer frente creativamente a la crisis ecológica y participar en el Gran Giro.

La gravedad de la crisis ecológica demanda una conciencia ampliada de los retos que los ciudadanos de las sociedades industrializadas encaramos en la vida cotidiana. Cuestionar nuestros niveles de consumo y nuestros hábitos alimenticios y de transporte, rastrear el origen de la ropa que adquirimos y el destino final de nuestros desechos, cuestionar las creencias y valores que heredaremos a generaciones venideras—son algunas reflexiones de un ciudadano responsable y ecológicamente consciente. Incluso con ésta acrecentada conciencia ecológica, una constante ansiedad en torno al bienestar de futuras generaciones perturba la paz que en otrora experimentaríamos al concebir un mundo viable para nuestros descendientes y, ultimadamente, todos los seres.

El dolor que sentimos por la Tierra afligida pone a prueba los límites de lo humano. La culpa que cargamos (en su mayoría inconscientemente) sabiendo que, como especie, nos hemos convertido en un arma de destrucción masiva es una ocurrencia sin precedentes en la historia de la humanidad. No es entonces sorpresa que la mayoría de habitantes de las sociedades industrializadas se hallen en una perenne búsqueda de distractores de todo tipo con la esperanza que los mantengan lo suficientemente ocupados para no mirar hacia el abismo interior de incomodidad y dolor. Los mecanismos de defensa y técnicas evasivas a nivel psicológico y emocional en relación a la destrucción de la Tierra constituyen un referente primordial para los habitantes del mundo moderno. De hecho, la gravedad de la crisis ecológica y sus efectos han sido descritos como "la realidad psicológica central de nuestro tiempo."[1]

Pocos de nosotros estamos dispuestos a hacer frente a la represión psicológica ligada a la extrema situación ecológica actual. Esto no necesariamente implica una voluntad maliciosa, sino que brindar nuestra atención al estado de nuestro mundo implica cuestionar la validez de las estructuras que soportan la vida industrializada, y abrirse a su inevitable desmoronamiento. Para una identidad plenamente identificada con la "matrix" del sistema capitalista, la estabilidad de las estructuras sociales dicta su propia subsistencia. La crisis social, política y ambiental actual es, de manera muy real, una crisis de identidad. Aunque superficial, la red de (in)seguridad tejida por el sistema industrial ha demostrado ser bastante eficaz para mantener a sus habitantes en constante distracción del punzante dolor y sufrimiento de la Tierra.

Una estrategia distractora clave es la de reforzar la ilusión de una inherente separación entre el humano y la naturaleza. La aparente escisión se encuentra en continuo aumento debido a una cascada de reacciones nocivas por parte de los ciudadanos, las cuales impiden establecer una armoniosa relación entre nuestras creencias y hábitos y nuestro potencial de cambio, manteniéndonos atrapados en círculos de consumo y gratificación instantánea. La represión de la dimensión desatendida de sentimientos, pensamientos y emociones acerca de lo que hacemos a nuestra casa, la Tierra, es al menos tan perjudicial como la tala de arboles en la selva lluviosa. Desde esta perspectiva, la crisis ecológica surge en última instancia "de los demonios desatendidos de la psique humana."[2]

En base a lo anterior, ¿cuál es entonces el recurso necesario para liberarnos de la influencia del sistema industrial y asegurar el establecimiento de relaciones intra-psíquicas e inter-personales conducentes a una vida más sana, plena y alineada con la Tierra?

Energía psíquica

En variados grupos de índole ambiental es común encontrar un interés en fuentes de energía sustentable con el potencial de reemplazar la destructiva adicción al petróleo de las sociedades. Los vientos, los mares, el sol, biocombustibles resultantes de la degradación de materia orgánica, energía geotermal y la derivada del hidrógeno son algunas fuentes alternativas disponibles. Opciones de la llamada "energía libre" que pretende satisfacer una infinidad de necesidades con un mínimo o ningún input de trabajo y energía se encuentran en el reino de la especulación. Por otra parte, las diferentes "tecnologías intermedias" o "tecnologías apropiadas" se muestran como una fuente de energía descentralizada, a pequeña escala, limpia y eficientes.[3] Es innegable la palmaria necesidad de experimentar con el uso adecuado de fuentes alternas de energía. No obstante, en esta experimentación y búsqueda comúnmente se pasa por alto el recurso que, en un sentido, antecede a todas y cada una de las fuentes energéticas—la mente humana.

Desde los inicios de la psicología profunda se reconoció la presencia de un agente clave que energiza los parajes de la psique. Freud consideró que el libido, impulso instintivo y de carácter biológico, era el motor primordial que propulsaba y daba forma a los deseos y necesidades básicas del accionar humano, especialmente la sexualidad. La teoría de la sexualidad de Freud se basa en la existencia del libido como fuerza rectora de la psique que gobierna la fijación al placer, instinto fundamental que caracteriza al ser humano desde temprana edad. Las diferentes etapas de expresión del libido desde la niñez (fijación oral, anal, fálica y genital) posteriormente se consolidan en la parte de la psique, el "id," que pugna por satisfacer las necesidades básicas del organismo. Gracias a la investigación de Carl Jung, que fuera en su momento el discípulo predilecto de Freud, el libido fue liberado de su prisión meramente sexual e instintiva.

Para Jung, el libido constituía la energía psíquica necesaria para proveer de significado y dinamismo a los contenidos de la psique. Ésta energía mental se asemeja a la energía estudiada por la física; sirve de combustible para las distintas actividades de lo humano, tanto de índole fisiológico como intelectual, creativo y transformativo. Los contenidos de la mente constelan alrededor de símbolos primordiales o "arquetipos" que son nutridos y activados por la influencia de la energía psíquica. Los arquetipos, núcleos organizantes de la psique, atraen energía a través de repetidas experiencias, de códigos culturales, de interacciones interpersonales, de la cualidad magnética del arquetipo en cuestión y de su fuente espiritual. La preponderancia de cierta constelación psicológica—sus contenidos y núcleo arquetípico—indica el aumento de energía psíquica correspondiente y la influencia que ésta tiene en el comportamiento humano.

El paleontólogo jesuita Pierre Teilhard de Chardin concebía a la energía psíquica no como una ocurrencia exclusiva de la especie humana sino como una fuerza propia del universo. Desde tal perspectiva cósmica, la energía psíquica es el combustible principal de la evolución a nivel material, biológico y espiritual. La expresión de la materia, la organización de los variados elementos que conforman el universo y la Tierra, así como la compleja estructura de los seres vivos son el resultado de concentraciones de la energía psíquica que subyace la creación. La condensación de energía psíquica facilita la complejización de la materia que resulta en la creación de seres vivos con la capacidad consciente de profundizar y expandir la interiorización de tal energía y así participar del proceso evolutivo. Desde ésta perspectiva, la profundización de la energía psíquica y la complejización de la materia constituyen los principales impulsores de la evolución.

La energía psíquica mantiene un rol cardinal desde el impulso sexual e instintivo hasta el desarrollo armonioso del individuo, los comportamientos exhibidos a nivel social, los impulsos creativos y trascendentes de nuestra especie, hasta el viaje evolutivo de la Tierra y su contexto cósmico. Sin embargo, la gran mayoría de la energía disponible al humano contemporáneo se encuentra capturada en los ciclos adictivos de las sociedades industriales, coartando así su desarrollo integral y potencialidad latente.

Energía ecopsíquica

Para contrarrestar la influencia alienante del sistema industrial se requiere la creación de propuestas de vida lo suficientemente magnéticas para movilizar la energía psíquica atrapada en la ilusión antropocéntrica de progreso material ilimitado. He aquí el punto crucial en la búsqueda del recurso necesario para afrontar la crisis ecológica y el cúmulo de respuestas psicológicas y emocionales que sirven de raíz de la mencionada crisis. El eco-teólogo Thomas Berry deja en claro el mensaje: "la principal dificultad al sustituir el orden industrial no es la naturaleza física de la situación, pero su embelesamiento psíquico."[4] A través de esfuerzos conscientes y comunitarios, la energía psíquica ha de convertirse en energía ecopsíquica en alianza con la Tierra.[5]

Liberar la energía ecopsíquica de su prisión industrial y hacerla disponible para enfrentar de forma creativa la crisis ecológica implica un proceso similar al de recobrar un fragmento de alma perdida y restituirlo en su lugar correspondiente. Esta búsqueda, recuperación y consiguiente restablecimiento interno es característico de las tradiciones chamánicas alrededor del globo. Debido al (eco)trauma surgido de la desconexión entre los humanos y la Tierra, existe una pérdida de alma a nivel colectivo que se traduce en una disociación pandémica, causa fundamental de la crisis ecológica. La pérdida del alma hace que el ciudadano industrial experimente una disminución en la capacidad para afrontar la vida, asociada a una serie de síntomas, tales como deficiencia inmunológica, depresión, adicción, pérdida de la memoria, entre otros.

El sistema industrial—con sus valores y creencias que lo caracterizan—dificulta el rencuentro con los fragmentos de alma perdidos, impidiendo el acceso a lo que en otrora significaría el libre fluir de energía ecopsíquica. El restablecimiento de la mente humana como un sistema abierto, libre de los códigos industriales reinantes y en reconocimiento de la variedad de bucles retroalimentativos con el entorno da pie a la co-creación de alternativas florecientes de vida y prosperidad.

De la misma manera en que el embelesamiento psíquico de las sociedades industriales se encuentra sustentado por ciertos símbolos e historias, la liberación de energía ecopsíquica necesaria para un futuro floreciente requiere ser igualmente enraizada en mitos y narrativas de profunda relevancia psicológica. En entrevista con el periodista Bill Moyers, el reconocido mitólogo Joseph Campbell propone que la mitología del futuro, entendida como el cúmulo de historias guía que dan sentido y valor a la energía psíquica personal y colectiva, es aquella que concibe al planeta entero como su realidad central.[6] La casa de todos, la Tierra, es el símbolo central y fuente primordial que sirve de fiel guía para despertar al impulso simbiótico que entreteje nuestra humanidad con la comunidad de la Tierra. El mito del progreso ilimitado que culmina en un paraíso eterno e inmutable mas allá de los confines del planeta y de la creación misma requiere ser reemplazado por una visión celebratoria que resacraliza tanto la cotidianidad natural como el gran misterio trascendente.

La energía ecopsíquica es liberada y puesta en acción por medio de símbolos arquetípicos que realzan un sentido de reciprocidad reverencial con la Tierra. Entre los símbolos de unidad y pertenencia al mundo con especial magnetismo psicológico podemos citar a la "Gran Madre," la "trama de la vida," "la rueda de la medicina," "el árbol de la vida," entre otros. No obstante, el primer y esencial paso de la liberación de la energía ecopsíquica es fruto del reconocimiento de que la subjetividad dinámica que da vida a los parajes internos de la mente humana fluye del devenir natural del planeta y el cosmos—nuestros sueños, anhelos, impulsos biológicos, llantos y estados extáticos son el resultado de la subjetividad del mundo. El paso del encajonamiento psicológico a una alianza ecopsíquica con la Tierra prepara el terreno para el necesitado giro expansivo de conciencia, invariablemente nutrido por figuras arquetípicas y sus mitologías asociadas.

La presencia híbrida de psique y materia, espíritu y Tierra, representada por la energía ecopsíquica hace a la humanidad partícipe de la infinita creatividad inherente al juego cósmico. Los colibríes, rascacielos, supernovas, delfines, automóviles, océanos y volcanes son distintas expresiones del impulso ecopsíquico universal de exploración y expresión. Nuestra especie—con su idiosincrasia, incesante curiosidad y creciente presencia planetaria—corresponde sólo a un flujo determinado de las corrientes energéticas cósmicas.

Reconexión con la energía de vida

En relación a la crisis ecológica actual, la energía ecopsíquica sirve de agente catalizador para sanar y transformar las raíces de la destrucción ambiental y disparidad social encontradas en las profundidades de la mente humana. Llevar a cabo tal hazaña alquímica supone la activación de realidades psicológicas más en sintonía con el devenir de la vida que contribuyen a la recuperación de fragmentos psíquicos previamente disasociados. ¿Cómo podemos viajar a las profundidades, sanar y surgir renovados por los flujos naturales de vida, bienestar y evolución?

Afortunadamente hoy en día existe una gran variedad de prácticas y tecnologías que ayudan a recobrar el libre flujo de energía ecopsíquica. En esencia, cualquier técnica que ayude a restablecer un sentido de ecuanimidad interna ante los embates del sistema industrial es un aliado en la reconfiguración de la energía ecopsíquica. La meditación, técnicas de respiración y manejo de emociones, comunicación no-violenta, permacultura, herbolaria y ciertas disciplinas somáticas son algunas propuestas que apoyan la liberación de la energía ecopsíquica. Aunque superficialmente parecieran no estar relacionadas con lo que sucede a nuestro alrededor, las distintas prácticas tienen una injerencia directa en nuestra constitución psicológica e inclinaciones emocionales, y por ende en la manera en que nos relacionamos con nosotros mismos y con el mundo. Es importante mencionar que la energía ecopsíquica, como híbrido de materia y energía, atañe a la totalidad del cuerpo-mente-ambiente.

El impulso a reconectar con la inteligencia inherente a nuestra casa común no es una tarea nueva. La energía ecopsíquica es una representación contemporánea de una presencia reconocida desde tiempos ancestrales a la que se la han otorgado un sinnúmero de nombres. Los nativos de Polinesia (Hawái, Nueva Zelanda, Isla de Pascua, etc.) hablan del *mana*, presencia energética responsable del poder o fuerza de vida característica de un lugar o una persona; en la filosofía Hindú, el *prana* constituye el principio de vitalidad, comúnmente asociado con el aliento o el viento y el real Ser de la humanidad; las tradiciones Chinas y Japonesas hacen referencia al *ch'i* o *ki*, respectivamente, principio dador de vida de importancia fundamental en sus sistemas de salud y desarrollo personal; en la tradición Yoruba de África, *ashe*, de origen divino, es la fuerza necesaria para llevar a cabo las cosas y ejercer un cambio; para los Iroqueses de Norteamérica, *orenda* hace alusión al poder sagrado que yace y anima a la creación misma; la tradición Hebrea considera al *ruach* como el aliento sagrado presente en todas las cosas, mientras que los griegos se referían a tal aliento con el nombre de *pneuma*.

Así, tradiciones espirituales y filosóficas alrededor del mundo denotan la importancia del principio rector y dador de vida al que me he referido como energía ecopsíquica. Esta energía esencial pareciera dictar la salud, bienestar y desarrollo interno de los seres vivos, a la par de representar la fuente que nutre y une a la comunidad de la Tierra y su contexto cósmico.

La constante influencia de la matrix industrial forja en la psique humana un nicho de necesidad y reactividad. Este hueco psicológico es después usado como la boca del pez ha ser pescado por la infinidad de productos en venta que mantienen a la bestia industrial con vida. El recurso interno del que surge un sentido de valor intrínseco más allá de la referencia impuesta por el sistema industrial es ejercitado primordialmente a través de una vida consciente y a propósito, impulsada por las prácticas mencionadas arriba. El redireccionamiento de la atención e intención es clave. Es por ello que haré hincapié haré hincapié en una tecnología de reconexión, gratitud y reverencia que históricamente ha tenido un papel central en la relación del humano con el mundo.

Ritualizando la llegada del Gran Giro

Como hemos explorado, el giro hacia una civilización en sintonía con la vida depende en gran medida de los recursos emocionales y psicológicos de sus habitantes. La interrelación entre el paraje interno humano y la condición del mundo es puesta al descubierto a través de una dinámica de reconocimiento y reconexión conocida como "ritual;" milenario médium usado para adquirir orientación y guía tanto a nivel personal como comunitario.[7]

Por ejemplo, los rituales de paso marcan la transición de una etapa de vida a otra y dan como resultado una nueva identidad dotada con los recursos necesarios para lidiar exitosamente con las situaciones ligadas al recién adquirido status. Los rituales de iniciación son ceremonias de carácter exclusivo que tienen en su centro el arquetipo de muerte y resurrección y que, al paso de una serie de pruebas y desafíos, envisten al iniciado con el ropaje de lo sagrado. El valor cardinal de la actividad ritual deriva de la recreación del origen sagrado del cosmos y las actividades míticas de maestros y sabios que lograron conectar con las fuerzas orquestrantes de la vida y la muerte. El ritual involucra activamente a los participantes en la historia simbólica y sagrada de la creación.

El ritual es también entendido como la puesta en escena de mitos y leyendas que "hablan" el mismo lenguaje de la mente inconsciente, con la capacidad de impartir valiosas enseñanzas acerca del rumbo y significado de la vida humana. Los relatos de deidades y otras figuras arquetípicas sirven de guía gracias a que realzan valores universales de importancia psicológica y espiritual. El ritual es entonces una tecnología de acceso al inconsciente que resguarda las claves profundas de bienestar y sanación integral.

Los regalos y beneficios del ritual son esenciales para facilitar el advenimiento del Gran Giro. Para ello es necesario despojarnos de prejuicios obsoletos y asociaciones sin sentido en relación a la ancestral tecnología, que va desde genuinos gestos personales de gratitud por el milagro de la existencia hasta elaboradas ceremonias comunitarias basadas en cosmogonías particulares y sus costumbres. Una vez que reconocemos que el ritual es un médium neutral universalmente utilizado para entablar una estrecha relación con la profundidad de quien realmente somos, con la Tierra y el cosmos, nos acercamos a una participación más plena con la vida. Esto implica el responsabilizarse por el estado y manejo de nuestros parajes internos y tomar iniciativa propia por el estado e impacto que éstos pudieran tener en nuestras relaciones. El esclarecimiento del significado del ritual en la vida humana acarrea un sentido de pertenencia en la comunidad de la vida.

La demarcación ya sea simbólica o literal del área ritual es fundamental, ya que con ella se crea una membrana psicológica entre el espacio-tiempo sagrado del ritual y la cotidianidad de la vida diaria. La membrana, construida a través de la intención y reconocimiento de la fuerzas regentes de la vida, sirve tanto de canalización de las energías presentes en los ritmos y ciclos de la creación como de protección de aquellas influencias que no forman parte de la dirección y temática a tratar. Entre otras cosas, éste círculo sagrado representa la totalidad de la psique humana desde la cual se hace transparente ante su fuente de subsistencia y bienestar. Principios de armonía, paz, convivialidad y unidad se encuentran implícitos en el espacio ritual.

En el círculo ritual converge la correcta intención, la palabra desde el corazón, el reconocimiento de la profundidad de la existencia y la celebración de la íntima interrelación de lo humano con la trama de la vida.

El ritual provee una oportunidad sin igual para atender y reconocer el accionar de la energía ecopsíquica a nuestra disposición. De igual manera, el ritual permite la reorganización de ésta energía por medio de la intención y el magnetismo arquetípico de ciertas imágenes, símbolos y mitos que ayudan a reconocer la pasión por la vida en otrora perdida. La reorganización de la energía ecopsíquica que alumbra la psique humana en sus diferentes etapas y aventuras supone la creación de un portal de entrada a una vida guiada por la sabiduría del corazón dictada por la confraternidad que marca el pulso y evolución de la creación. En palabras de Teilhard,

> El amor es la más universal, la más tremenda y la más mística de las fuerzas cósmicas. El amor es la energía psíquica primigenia y universal. El amor es una reserva sagrada de energía; es como la sangre de la evolución espiritual.[8]

La energía ecopsíquica, puesta de manifiesto por medio del ritual y una vida atenta y consciente, es un recurso esencial para hacer frente a la crisis ecológica. Así como antiguas civilizaciones eran energizadas por grandes monumentos o prodigiosos saberes astronómicos, las generaciones puente del sistema industrial hacia el florecimiento de sociedades rebosantes de vida pueden encontrar en la alianza simbiótica y ritual con la Tierra una fuente inagotable de guía y consejo. De esta guía surge la inteligencia para recobrar fragmentos perdidos de la psique que reactivan los recursos necesarios para ir mas allá del sistema industrial y encarar de la mejor manera posible las oportunidades, desafíos y misterios de nuestros días.

EPÍLOGO:
FLORECIENDO JUNTOS

La presente antología constituye un esfuerzo pionero para introducir la obra de Joanna Macy y colaboradores al contexto latinoamericano y al mundo hispanohablante. Dicha obra es una expresión contemporánea de distintas corrientes de pensamiento ecológico que recuperan y celebran la integración del humano-Tierra en sus diferentes dimensiones. Es desde ésta convicción de unidad y de potencialidad de convivencia armoniosa que el presente escrito surge. De la misma manera, es importante mencionar que el experimento de integración no es del todo parsimonioso debido al linaje cultural del que inicialmente surge el Gran Giro y el Trabajo Que Reconecta (contribuciones principales de la óptica presentada).

Podría argumentarse que gracias a su origen estadounidense y su consecuente aplicación en el hemisferio Norte, la obra de Macy pudiese constituir un producto más del abundante imperialismo cultural y político que mantiene en constante sopor y yugo a las comunidades del hemisferio Sur. El neocolonialismo, a través de diversas estrategias de control y manipulación, obedece los mandatos del sistema industrial que tanto daño causa a las sociedades marginadas y a la comunidad de la Tierra. Sin embargo, el Gran Giro se muestra como una propuesta que procura ir mas allá de los confines del sistema industrial al empoderar a la sociedad y activar sus esfuerzos en beneficio a las fuentes genuinas de vida y bienestar. Para ello es necesario dar cabida al ímpetu de liberación de la voz de lo históricamente reprimido. La presente antología presenta algunos aportes provenientes de la insurgencia del Sur y su relevancia para el necesitado diálogo con propuestas provenientes del hemisferio Norte para la co-creación de una sociedad sustentable, justa y regenerativa.

En la sabiduría originaria de los pueblos de las Américas encontramos la profecía del águila y el cóndor, en la que se plasma el mencionado diálogo y consecuente integración del Norte y el Sur.

> Estuvimos esperando 500 años…ahora, en esta era, cuando el Águila del Norte y el Cóndor del Sur vuelen juntos, la Tierra despertará. Las Águilas del Norte no pueden ser libres sin los Cóndores del Sur. Ahora esta ocurriendo. Ahora es el tiempo…Nuestra generación esta aquí para ayudar a comenzar esta era, para preparar diferentes escuelas que entiendan el mensaje del corazón, la intuición y la naturaleza. Los nativos hablan con la Tierra. Con la conciencia despierta, podremos volar alto como el Águila, o como el Cóndor…somos todos nativos, por que la palabra nativo viene de naturaleza, y todos somos parte de la Madre naturaleza. Ella está dentro de nosotros, y nosotros estamos dentro de ella.[1]

Las aves de gran envergadura, el águila y el cóndor, representan el más elevado potencial de la humanidad, mientras que su vuelo en conjunto ejemplifica la creciente integración de saberes que tiene lugar en nuestros tiempos y que hacen de la Tierra un referente primordial. Los sabios de Mesoamérica añaden al quetzal a la profecía, proclamando que sirve de puente entre el Norte y Sur de las Américas. La necesidad de un cambio profundo a nivel personal y colectivo se encuentra bellamente plasmada en la confluencia de las tres aves en la citada profecía.

La obra presentada en las páginas anteriores puede entonces ser entendida como una expresión de la profecía del águila, el cóndor y el quetzal. El concepto del Gran Giro apunta a la mutación de conciencia demandada por la crisis ecológica y multidimensional que, aunque es resultado de unos pocos generalmente asociados con el Norte (metafórico y literal), atañe a la gran mayoría de nosotros. Es también útil mencionar que el Gran Giro y las diferentes dinámicas que componen el Trabajo Que Reconecta (TQR) han sido influenciadas por diferentes tradiciones, en las que se incluye la sabiduría de oriente y las enseñanzas de los pueblos originarios de las Américas. Esto último contribuye de manera significativa al robustecimiento de la propuesta y a la respuesta positiva que el TQR aflora en participantes provenientes del contexto Latinoamericano.

Personalmente he cuestionado seriamente el valor de la obra de Macy, labor que me ha llevado a entablar una serie de diálogos con distintos facilitadores del Trabajo y con su fundadora. Mi cuestionamiento ha girado alrededor de la relevancia del TQR y el marco teórico asociado en las comunidades del Sur, tanto metafórico como literal. Igualmente, la facilitación del TQR e ideas asociadas me ha llevado a poner en tela de juicio el abultado valor que en ocasiones he adjudicado al trabajo proveniente del Norte.

He escrito acerca de la necesidad de entablar un diálogo entre el Norte y el Sur en el cuerpo-mente, geográficamente y a nivel de intercambio de conocimientos.[2] El Sur, en nuestro ser, está asociado con lo instintivo, somático y el conocimiento adquirido a través de la experiencia directa. Así también, el Sur es representativo de la mente inconsciente y todo aquello que no se ajusta a la imagen de la mente consciente y que por consiguiente reprime. Por su parte, el Norte comúnmente se asocia con la cabeza, con la mente lógico-racional y el conocimiento lineal y comprobable. La máscara que llevamos todos los días y que dicta nuestra personalidad está ligada al metafórico Norte. El sistema operativo industrial tiene su origen principalmente en el hemisferio Norte, mientras que su sobrevivencia depende en gran medida de los abundantes recursos del Sur. Mientras que se continúe alabando las cualidades atribuidas al Norte y menospreciando los regalos del Sur, la destrucción de la Tierra y de nuestra humanidad continuará latente.

La destructiva relación entre el Norte y el Sur requiere de un profundo restablecimiento en vías a su integración. Similar en contenido simbólico a la profecía del águila, cóndor y quetzal, el mito prehispánico de Quetzalcóatl sirve de guía para restablecer el tan necesitado equilibrio. Es sabido que Quetzalcóatl (comúnmente traducido como "serpiente emplumada"), figura legendaria en Mesoamérica y el México antiguo, ha sido reverenciado desde hace miles de años en distintas culturas al ser concebido como una de sus deidades principales. Tal ha sido la influencia de la serpiente emplumada que ha sido referenciada como el dios primordial que preside sobre las profundidades de la identidad mexicana.[3]

Como arquetipo, Quetzalcóatl representa la integración de la serpiente (el Sur) y el quetzal (Norte), resultando en la expresión ampliada de la identidad humana. De manera similar a la primera letra del alfabeto griego (alfa) y la última (omega) utilizadas para referirse al cristo en el antiguo testamento, el quetzal y la serpiente simbolizan el origen y destino último de todo lo que es. Quetzalcóatl es entonces la representación de la totalidad luminosa que surge de la integración armoniosa de la polaridad Norte-Sur.

Es posible caer en cuenta de una de las claves responsables del valor de la obra de Macy y asociados al profundizar un poco más en la metáfora Norte-Sur presentada en los párrafos anteriores. ¿En qué zona o terreno es más factible que la polaridad de paso a una danza unitiva? La respuesta es simple: en el medio, en el centro. Si nuevamente utilizamos al cuerpo humano como referencia, aunque anatómicamente el área abdominal constituye la parte media del cuerpo, simbólicamente el corazón es universalmente concebido como el centro de nuestro ser. Es el altar corazón el responsable de dar a luz a Quetzalcóatl.

Escuchando a Joanna (Macy) hace un par de meses, me llamó la atención la contundencia de sus palabras en la sesión inicial del retiro: "sin expresar nuestra verdad no lo lograremos," refiriéndose a los monumentales desafíos que hacemos frente como humanidad. Una de las encomiendas principales del Trabajo Que Reconecta, el Gran Giro y propuestas asociadas, es la de revalorizar las experiencias y sentimientos de nuestras vidas personales en el contexto de la comunidad de la Tierra. En otras palabras, se le otorga una marcada importancia a la expresión de la verdad de cada uno de los participantes, más allá de etiquetas, juicios o calificativos. Ésta simple acción activa y ejercita el corazón, fuente de verdad que reconoce al humano como parte de la totalidad de la trama de la vida.

De igual manera, en el corazón aguardan inconmensurables reservas de valor y fortaleza que surgen durante el acompañamiento del florecimiento de la Tierra, tal como lo expone el príncipe-poeta Netzahualcóyotl:

No acabarán mis flores,
No cesarán mis cantos.
Yo cantor los elevo,
Se reparten, se esparcen.
Aún cuando las flores
Se marchitan y amarillecen,
Serán llevadas allá,
Al interior de la casa
Del ave de plumas de oro.[4]

El trabajo expuesto en la antología reconoce la verdad de la experiencia humana en el contexto de todas nuestras relaciones. En oriente, a ésta disposición se le conoce como *satyagraha* o "insistencia en la verdad," pilar de los movimientos de no-violencia inaugurados por Mahatma Gandhi. *Satya* deriva de la palabra *sat* que se traduce como "ser." Por lo tanto, la doctrina de la no-violencia sugiere la existencia de una verdad omnipresente e indestructible de la cual emerge la experiencia de vida que, desde la perspectiva ecológico-integral, es develada a través de la guía de la comunidad de la Tierra.

Es convicción de este autor que la fuerza que proporciona la alineación con la verdad que habita en el corazón humano y en las entrañas de la Tierra late con especial candor en las comunidades del Sur. Esto se debe, considerablemente, a la historia de explotación paralela que han sufrido éstas comunidades y sus prolíficos ecosistemas. Tal experiencia traumática ha, por decirlo de alguna manera, hermanado en dolor al Sur y la Tierra. Leonardo Boff ha hecho especial énfasis en el mencionado nexo,[5] demandando que el bienestar y progreso vendido por el sistema industrial descansa en una cosmología de control y dominación de la Tierra que empobrece y esclaviza al Sur. Dentro del abuso sistemático y la represión histórica yace un tremendo ímpetu de cambio y liberación que resulta de la incorporación de la identidad ancestral del metafórico y literal Sur en el contexto contemporáneo.

La presentación al contexto latinoamericano de la noción del Gran Giro como historia rectora de vida supone una intención "huarachizante." Con esto quiero decir que se vuelve necesario ejercitar el don auto-reflexivo del humano en lo que concierne a la aplicación de las ideas y supuestos presentados. Por ejemplo, sería contraproducente presentar la obra como un rígido conjunto de dogmas exportados del Norte. Esto a su vez demostraría que aquella persona carece de la familiarización necesaria para compartir tales ideas, dada la naturaleza sistémica, adaptativa e integrativa de la propuesta. El Gran Giro se hace posible a medida que la gente se sienta profundamente identificada con lo que se presenta. Historias, expresiones, anécdotas, mitos, investigaciones e iniciativas varias del contexto latinoamericano han de nutrir los esfuerzos en beneficio de la Tierra y sus habitantes. Es posible decir que el presente proyecto es un vislumbre hacia la "huarachización del Gran Giro."

El despertar al florecer de la Tierra involucra el reconocimiento de la reciprocidad reverencial que entreteje toda vida en el planeta, fundamento de la aventura esencial del Gran Giro. La confluencia de los tres ríos abordados en la primera parte del libro (enseñanzas ancestrales y espirituales, nuevos paradigmas científicos y dolor por el mundo) y los desarrollos de la ecología profunda y la ecopsicología, proveen un fresco manantial necesario en la co-creación de un futuro viable para Latinoamérica y el mundo. Por su parte, el cúmulo de dinámicas grupales del TQR pone en práctica lo aprendido, ayudando también en la adecuada metabolización de los conocimientos adquiridos. Abrevar de los tres ríos y sus ricos nutrientes—así como de la estupenda riqueza reconectiva plasmada en los doce ensayos de la segunda parte—sirve de guía en el camino hacia la realización de nuestra misión personal, tan ligada en nuestros días con la trayectoria evolutiva de la Tierra. Despertando al florecer de la Tierra en donde Norte y Sur ofrendan sus promesas y regalos nos hace partícipes del giro histórico en el que el pasado ancestral y un futuro preñado de potencial confluyen en el aquí y ahora de nuestras vidas.

ACERCA DE LOS COLABORADORES

Daniel Abreu

De nacionalidad dominicana, tiene una especialidad en políticas públicas por la Universidad de Rotterdam y la Universidad de Barcelona. Ha trabajado como investigador para Greenpeace y Transparency International y es consultor en temas de educación ambiental y sostenible para diversas agencias de Naciones Unidas, el gobierno dominicano y fundaciones sociales.

Fernando Ausin Gómez

Fernando Ausin Gómez es un emprendedor social con un énfasis en la sustentabilidad global, la justicia social y la espiritualidad personal. Nacido en México y trotamundos por naturaleza, ha encabezado programas educativos hacia la sustentabilidad desde el 2007. Primero con BioTour en los Estados Unidos y después con BioTU en México, su misión ha sido integrar el legado indígena acerca de cómo vivir dentro de los límites de la naturaleza con las bondades tecnológicas del mundo moderno. Durante los últimos ocho años ha llevado su mensaje educativo a más de 250 eventos en todo el mundo y escrito varias publicaciones al respecto. Para mayor información: fernando@biotu.org y www.biotu.org

Andrea Ávila Sakar

Nació en la ciudad de México en una familia amante de las artes y la naturaleza. Realizó sus estudios de licenciatura en el área de Biología, mostrando un interés especial por la ecología y la etología. Posteriormente se inclinó por el área de la educación y la psicología. Tuvo la oportunidad de viajar al extranjero y conocer nuevas metodologías que ampliaron su visión de vida y las oportunidades para el cambio como el trabajo de Joanna Macy. Estudió una maestría en educación musical y un doctorado en educación de arte en Victoria, Canadá. Realizó un post-master en terapia de arte y un diplomado en hipnosis terapéutica. Actualmente se dedica al desarrollo comunitario con grupos y naciones indígenas Canadienses. Su trabajo está fuertemente influenciado por sus experiencias en los talleres de reconexión de Joanna Macy, las enseñanzas de sus maestros Budistas, la psicoterapia Ericksoniana y su amor por la naturaleza y el arte.

Fernando Cabello Hernández

Estudié biología en la U de G, he viajado por México haciendo fotografía y video en torno a temas de naturaleza y sustentabilidad. Desde siempre me he sentido conectado con la tierra, con la naturaleza. De chico tuve unos días de campo inolvidables con mis papás en el bosque la Primavera en Guadalajara (México); esos domingos se han quedado impresos con esencias de pino y encino, con recuerdos de lluvias que llenan el bosque de aromas y abrazos de vapor metidos en el río termal de este bosque volcánico, tendido sobre cerros y valles de arena al centro de Jalisco. 1997 fue un año iniciático para mi ya que fui al desierto de Wirikuta por primera vez con mi gran amigo y artista Oscar Basulto. Éstos viajes transcurrieron por 16 años consecutivos uniéndose una gran banda de viajeros. El desierto siempre llama, regresaremos a reunirnos una vez mas y compartir un abrazo junto al fuego.

Raquel González Ochoa

Nació en Huatusco, Veracruz el 31 de marzo de 1988. Estudió la carrera en psicología en la Universidad Veracruzana. Posteriormente al conocer el trabajo espiritual y humano experimentado durante una experiencia educativa llamada "Autoconocimiento y cuidado del Alma" y motivada por la doctora Tania Romo decide estudiar una maestría en psicoterapia Ericksoniana. Durante los últimos cuatro años se ha estado formando en el campo de investigación, participando en diferentes proyectos encaminados a la prevención y al fomento de la salud y el bienestar de las personas. También Raquel ha participado como facilitadora en diversos talleres incluyendo "Aprendiendo a relacionarme saludablemente conmigo mismo y con los demás", "Autoconocimiento y cuidado del alma," entre otros. Así mismo ha participado como facilitadora y organizadora de dos diplomados:

"Desarrollo Humano" y "Pedagogía emocional y modelos psico-educativos para la formación integral." Actualmente se encuentra cursando el doctorado en psicología en la Universidad Veracruzana.

Carlos Larralde

Nació en Monterrey, Nuevo León el 11 de abril de 1938. Médico con especialidad en Patología por la Universidad Nacional Autónoma de México. Doctor en Ciencia por la Washington University. Investigador de tiempo completo en el Instituto de Investigaciones Biomédicas de la Universidad Nacional Autónoma de México. Ha investigado sobre diversos aspectos inmunológicos de la enfermedad humana y experimental, sobre todo en la Cisticercosis, un poco en el SIDA y, últimamente en el cáncer de la mama, orientados principalmente a su diagnóstico, prevención y patogenia. Tiene numerosas publicaciones internacionales, es co-autor de numerosos capítulos de libro de la especialidad y es co-propietario de cuatro patentes. Es miembro fundador de la Sociedad Mexicana de Inmunología, y ha sido fundador y jefe del Departamento de Inmunología (1981-84) del Instituto de Investigaciones Biomédicas (IIBM), director del IIBM (1995-99), miembro de la Junta de Gobierno del Instituto Nacional de Cancerología, miembro de la Junta de Gobierno de la UNAM (2003-2008) e investigador emérito del la UNAM en el IIBM.

Francisco "Pancho" Ramos Stierle

Pancho cree que cuando la (r)evolución interna se une con la (r)evolución externa, la (R)evolución Total del espíritu humano es inminente. Mas aún, cuando la ciencia y el arte están en balance, la belleza de la vida florece en lo que denomina el "Nuevo Renacimiento de la Humanidad." Su activismo y enfoque de vida se centran en cuestiones de derechos humanos, sustentabilidad ambiental, no-violencia, consolidación de paz, derechos de los migrantes, agricultura urbana y el desarrollo de una vibrante economía de regalo. Pancho ha sido una parte integral de los movimientos de democratización de la Universidad de California, la protección de arboles ancestrales, la implementación de granjas libres, el trabajo con violencia juvenil, entre otros.

Oscar Reyes Ruvalcaba

Sociólogo y profesor en pedagogía.

Tania Romo-González

Nació en Xalapa, Veracruz el 4 de Junio de 1977. Estudió la licenciatura en Química Farmacéutica Biológica en la Universidad Veracruzana. Doctora en Ciencias Biomédicas, por la Universidad Nacional Autónoma de México. Actualmente es Investigadora de tiempo completo en el Instituto de Investigaciones Biológicas en la Universidad Veracruzana, en el cual coordina el área de Biología y Salud Integral. Sus líneas de investigación son Psiconeuroinmunologia, salud y bienestar y Estilos de Vida y salud. Docente en la misma universidad dentro del área de formación integral en el campus Xalapa en donde desarrolla la Experiencia Educativa "Autoconocimiento y cuidado del Alma". Cuenta con diversas publicaciones en revistas especializadas indizadas en el área dela salud y comportamiento, capítulos de libro y libros. Tiene experiencia en diversas técnicas psicoterapéuticas entre las que se encuentran la terapia narrativa, mindfulness, biología cultural, inteligencia emocional, Hemi-Sync, entre otros.

Masasiui Tenorio

Me dicen Chava o Masasiui, me crié en Atlixco, Puebla aunque nací en la región más transparente. Desde que salí a realizar mis estudios universitarios de Ciencias Ambientales en la ciudad de Morelia, Michoacán me he enfocado en participar en proyectos colectivos y comunitarios en torno a temáticas como la agricultura urbana (Proyecto Irekua, en Morelia, Michoacán), la rehabilitación de espacios públicos (Proyecto Eronari, en Erongaricuaro, Michoacán), y en redes de activistas regionales y nacionales. Actualmente me encuentro colaborando en la Caravana Mesoamericana para el Buen Vivir de los Pueblos en Resistencia, un esfuerzo de doce colectivos comunitarios y autogestivos que buscan compartir herramientas que fortalezcan el Buen Vivir de los pueblos de Mesoamérica. Dentro de la caravana participo facilitando mapeos comunitarios y participativos sobre distintas problemáticas, usos y visiones del territorio. Esto para brindar herramientas que permitan visualizar las dinámicas sociales y políticas que atentan contra los territorios.

Helena Ter Hellen

Helena es presidente de Terr'Eveille, una asociación belga dedicada a promover el Trabajo que Reconecta (TQR) y la ecología profunda en Europa y en Colombia. Helena es holandesa graduada en traducción e interpretación de la Universidad de Amberes, Bélgica y cuenta con masters en política internacional y comunicación intercultural. Tuvo un largo recorrido en misiones humanitarias, interculturales y de construcción de paz tanto con ONG's como con el ministerio de Asuntos Extranjeros de Holanda. Se ha formado en coaching psico-energético y en los últimos años en el Trabajo que Reconecta con Joanna Macy. Tradujo su libro *Coming back to Life* a neerlandés. Su primer viaje a Colombia tuvo lugar en el 2001 y desde el 2014 junto a Felipe Medina facilita talleres del TQR en esas tierras. Está muy feliz de su participación en la construcción de un eco-aldea urbana en Bruselas llamada "l'Echappée" (la "Escapada") que hará parte del movimiento de iniciativas de Transición.

Gisela Valdés Padilla

Gisela Valdés Padilla es licenciada en psicología y maestra en antropología social, actualmente elabora su tesis doctoral en Ciencias Sociales. Desde su formación como psicóloga ha tenido preferencia por los estudios sobre la feminidad, la sanación, estados alterados de conciencia y los saberes ancestrales. Pertenece al colectivo ecofeminista IxChel que promueve el autoconocimiento y el bienestar femenino. La maternidad y los círculos de mujeres han sido su inspiración para descubrirse a sí misma en vinculación con los ciclos de la naturaleza y en el poder de la consciencia femenina. Es vegetariana por convicción ética, ecológica y anticapitalista. En el presente realiza la práctica de investigación y acción para promover la ritualidad femenina y la sororidad entre las mujeres como fuerza e inspiración para la creación de comunidades de sentido y de vida.

Aranzazú Velasco Lafarga

Psicoterapeuta, Licenciada en Sociología y maestra en Desarrollo Humano.

Adrián Villaseñor Galarza

Adrián está enfocado a explorar la expresión sustentable y regenerativa de las profundidades del potencial humano. Cuenta con una maestría en ciencia holística, un doctorado en ecología, psicología y conciencia, y es candidato a terapeuta transpersonal. En su investigación doctoral, Adrián examinó la confluencia de la ecopsicología y la espiritualidad para avanzar un marco elemental de auto-descubrimiento, sanación y acción sustentable denominado ecopsicología integral, el cual conforma la base de su obra y trabajo. Para mayor información visite: living-flames.com y bioalkimia.org

Natalie Zend

Natalie quiere vivir en un mundo dónde la gente se reúne para intuir posibilidades, co-creando la nueva sociedad de la vida que quiere emerger. Como animadora de talleres, Natalie ha capacitado a cientos de profesionales en cómo crear programas efectivos para la niñez con un enfoque de derechos humanos. También catalizó un cambió en la ayuda canadiense para Colombia hacia un énfasis duradero en los derechos humanos y los jóvenes. Entrenada por Joanna Macy, es miembro de la red de facilitadores del Trabajo que Reconecta. Cuando no está animando conversaciones extraordinarias, se le puede encontrar bailando con abandono, haciendo sonidos descabellados, o escuchando su voz interior.

REFERENCIAS

Introducción personal

1. La guía del Trabajo Que Reconecta se encuentra disponible tanto en la página web de Bioalkimia (http://bioalkimia.org/proyectos/nuestravidacomogaia/) como en la página de Joanna (http://joannamacy.net/books-dvds.html). Desde entonces se ha publicado una nueva versión de *Nuestra vida como Gaia: Prácticas para reconectar nuestros seres, nuestro mundo*, enriquecida con aportes recientes y aplicaciones del Trabajo en una variedad de contextos. Se pretende realizar una nueva traducción al Español en base a ésta guía.

Presentación

1. El concepto del Gran Giro forma parte medular de la obra de Macy, publicada en más de diez libros a lo largo de más de treinta años, incluyendo: *Coming back to life: The updated guide to the work that reconnects* (Gabriola Island, Canada: New Society Publishers, 2014); *Active hope How to face the mess we're in whithout going crazy* (Novato, CA: New World Library, 2012); *World as lover, world as self: Courage for global justice and ecological renewal* (Berkeley, CA: Parallax Press, 2007); *Widening circles: A memoir* (Gabriola Island, Canada: New Catalyst Books, 2001); y *Mutual causality in Buddhism & general systems theory* (New York: State University of New York Press, 1991). Para mayor información, visite: http://joannamacy.net/books-dvds.html

2. Existe controversia acerca de la autoría de la cita, ya que no ha sido posible encontrar su origen con exactitud. Sin embargo, un gran número de referencias apuntan hacia la obra de Meade como su fuente. Para mayor información: http://www.interculturalstudies.org/faq.html#quote

Tres ríos

1. Wouter J. Hanegraff, *New Age religion and western culture: Esotericism in the mirror of secular thought* (New York: State University of New York Press, 1998).

2. The Washington Post, *84 percent of the world population has faith; a third are Christian,* http://www.washingtontimes.com/blog/watercooler/2012/dec/23/84-percent-world-population-has-faith-third-are-ch/. Para acceder al estudio completo ingresar a: http://www.pewforum.org/2015/04/02/religious-projections-2010-2050/ (accesado julio 2015).

3. Los paradigmas son "logros científicos universalmente aceptados que durante algún tiempo suministran modelos de problemas y soluciones a una comunidad de profesionales." Thomas Kuhn, *La estructura de las revoluciones científicas* (México D.F., México: Fondo de Cultura Económica, 2004), 14-15.

4. Ervin Laszlo, *Science and the akashic field: An integral theory of everything* (Rochester, VT: Inner Traditions, 2004).

5. Robert Lipton, "America in Vietnam—The circle of deception," *Society* 5, no. 4 (1968): 10.

6. Joanna Macy & Molly Brown, *Coming back to Life: The updated guide to the work that reconnects.* News Society Publishers. (Gabriola Island: Canada, 2014).

7. Per Espen Stoknes, *What we think about when we try no to think about climate change.* (White River Junction, VT: Chelsea Green, 2015), 82.

Ecología profunda

1. Arne Naess, "The shallow and the deep, long-range ecology movement. A summary." *Inquiry* 16, no. 1 (1973): 95-100.

2. John Seed, "Beyond Athropocentrism," John Seed, Joanna Macy, Pat Fleming & Arne Naess (Eds), *Thinking like a mountain: Towards a council of all beings.* (Philadelphia, PA: New Society Publishers, 1988), 36.

3. Stephan Harding, *What is deep ecology?* http://www.schumachercollege.org.uk/learning-resources/what-is-deep-ecology(accesado agosto 2009)

4. Arne Naess, *ibid*, 95-98.

Ecopsicología

1. Ralph Metzner, *Green psychology: Transforming our relationship to the earth* (Rochester, VT: Park Street Press, 1999).

2. Ralph Metzner, "Green psychology, shamanism, and therapeutic rituals," Linda Buzzel & Craig Chalquist (Eds), *Ecotherapy: Healing with nature in mind,* (San Francisco, CA: Sierra Club Books, 2009). 256-261.

3. Edward O. Wilson, *Biophilia: The human bond with other species* (Cambridge, MA: Harvard University Press, 1984), 1.

4. James Hillman, "A Psyche the Size of the Earth: A Psychological Foreword," Mary Gomes & Allan Kanner (Eds), *Ecopsychology: Restoring the earth, healing the mind,* eds. Theodore Roszak, (New York: Sierra Club Books, 1995), xxii.
5. Peter H Kahn Jr. & Patricia H. Hasbach, *Ecopsychology: Science, totems, and the technological species* (Cambridge, MA: MIT Press, 2012), 3-6.
6. Theodore Roszak, *The voice of the earth: An exploration of ecopsychology* (Grand Rapids, MI: Phanes Press, 1992), 320-321

El Trabajo Que Reconecta
1. Los supuestos presentados se pueden consultar en su forma original en: Joanna Macy & Molly Brown, *Coming back to life: The updated guide to the work that reconnects* (Gabriola Island, BC. New Society Publishers, 2014), y en la guía del Trabajo Que Reconecta en Español: http://bioalkimia.org/proyectos/nuestravidacomogaia/
2. Algunas aplicaciones del Trabajo Que Reconecta se encuentran en: Chris Johnstone, "Reconnecting with our world," Anna Chesner & Herb Hahn (Eds), *Creative advances in groupwork* (London, England: Jessica Kingsley, 2002) 186-217; Fred H. Besthorn, Dan Wulff, & Sally St. George, "Eco-spiritual helping and postmodern therapy: A deeper ecological framework," *Ecopsychology* 2, no. 1, (2010): 23-32; Sarah M. Vekasi, *Eco-chaiplancy: Spiritual care for the great turning* (http://www.ecochaplaincy.org/downloads/Eco-Chaplaincy%20Paper%20by%20Sarah%20Vekasi.pdf) y en los capítulos 11 y 12 y apéndice D del nuevo manual, Joanna Macy & Molly Brown, *ibid.*
3. Jose Mario Bergoglio (Papa Francisco), *Carta encíclica Laudato Si'* https://www.aciprensa.com/Docum/LaudatoSi.pdf (accesado septiembre, 2015).

El Gran Giro
1. Joanna Macy & Chris Johnstone, *Active hope: How to face the mess we're in without going crazy* (Novato, CA: New World Library, 2012), 13.
2. Eduardo Galeano, *Eduardo Galeano: Estamos hechos de historias* http://lapalabraeslacasadelser.blogspot.com/2012/05/eduardo-galeano-estamos-hechos-de.html (accesado julio, 2015)
3. Arundathi Roy, *Confronting empire*, , http://ratical.org/ratville/CAH/AR012703.html (accesado mayo, 2013).

América Latina: El más peligroso y prometedor escenario de las acciones de contención

1. Leyla Olivera, *25 años sin Chico Mendes: El gran sindicalista de la Amazonas*. (United Explanations, 2014). www.unitedexplanations. org/2014/02/13/25-anos-sin-chico-mendes (accesado julio, 2015)
2. Steffen *et al*. *Fronteras Planetarias: Guiando el desarrollo humano en un planeta cambiante*. (Science Vol. 347 no. 6223, 2015), 5.
3. Ceballos *et al*. *Accelerated modern human–induced species losses: Entering the sixth mass extinction*. (American Association for the Advancement of Science, 2015), 4.
4. Oxfam Internacional, *Riqueza: Tenerlo todo y querer más*. (Londres, Inglaterra: OXFAM, 2015), 3.
5. PNUD, *Informe Regional de Desarrollo Humano 2013-2014: Seguridad ciudadana con rostro humano, diagnóstico y propuestas para América Latina*. (Nueva York, PNUD, 2013), 21.
6. El Foro Socrático, *Tributo a Paulo Freire, El Ultimo Gran Pedagogo*. http:// proyectoforosocratico.blogspot.com/ (accesado julio, 2015).
7. Global Witness, *Medio ambiente mortal, Informe sobre el aumento del número de asesinatos de defensores del medio ambiente y la tierra*. (Londres, 2014), 7.
8. Mauricio Berger, *Justicia ambiental en América Latina. Inteligencia colectiva y creatividad institucional contra la desposesión de derechos*. (E-cadernos CES Vol. 17, 2012), 14.
9. Ricken Patel, *El Estilo de Avaaz: Cómo Trabajamos*. http://www.avaaz.org/es/ about.php (accesado julio, 2015)
10. René Pérez, "Latinoamérica" en *Entren los que quieran*. (Sony Music, 2010).

Las redes del Sur: Utopía y empoderamiento en México

1. Carlos Castaneda, *El segundo anillo de poder* (Buenos Aires, Emece, 2002)
2. Boaventura do Santos, *Una epistemología del Sur* (México: Siglo XXI, CLACSO, 2009).
3. Arturo Escobar, *Más allá del desarrollo: Postdesarrollo y transiciones hacia el pluriverso*. (Revista de Antropología Social, 2012), 2362.
4. Victor Toledo, & Benjamin OrtizEspejel, *México: Regiones que caminan hacia la sustentabilidad: Una geopolítica de las resistencias bioculturales*. (Puebla, Universidad Iberoamericana, 2014).
5. Salvador Tenorio, *La sociedad en transición: Una aproximación desde el análisis de redes sociales y el esbozo histórico del movimiento ambiental en México* (Tesis de Licenciatura, UNAM, México, 2015)

6. Ignacio Peón, Entrevistado por Salvador Tenorio (1 de 11 del 2013).

7. Diálogos Ecosistémicos, *Quienes somos*. (México, D.F., 2013)

8. Asamblea Nacional de Afectados Ambientales, *Asamblea Nacional de Afectados Ambientales*. http://www.afectadosambientales.org (accesado junio, 2015).

9. Asamblea Nacional de Afectados Ambientales, *El colapso ambiental en México. México: documento de la ANNA*. http://afectadosambientales.blogspot. mx/2009/05/elcolapsoambientalde-mexico.html (accesado junio, 2015).

10. Tribunal Permanente de los Pueblos Capitulo México, *Audiencia temática: Devastación ambiental y derechos de los pueblos*. (México, TPP, 2013).

11. Consejo de Visiones, *Consejo de Visiones México*. http://www. consejodevisiones.org, 2011 (accesado junio, 2015).

12. Alberto Ruz, Entrevistado por Salvador Tenorio (20 de 10 del 2013).

13. Arturo King Cobos & Alberto Ruz Buenfil, *Huehuecoyotl, raíces al viento*. (Cuernavaca, Morelos, Independiente, 2012).

14. Alberto Ruz, Entrevistado por Salvador Tenorio (20 de 10 de 2013).

15. Consejo de Asentamientos Sustentables de las Américas, *Que es CASA* http://www.tierramor.org/CASA/ (accesado junio, 2015).

16. Holger Hieronimi, *Permacultura en México*. http://www.tierramor.org/ permacultura/PermaculturaMexico.html (accesado junio, 2015).

17. Para ver el mapa de las iniciativas registradas oficialmente: http://www. transitionnetwork.org/initiatives/map

18. Comunicación directa con Raúl Vélez.

19. Raúl Velez, *La Transición en América Latina, una transición descalza*. En J. D. Río, Guía del movimiento de transición. (Madrid, España, Los Libros De La Catarata, 2015).

20. Autogestival, *Autogestival*. http://www.autogestival.org/about/ (accesado abril, 2015).

21. Escucha la presentación de los proyectos en: www.soundcluod.com/ autogestival

22. Una etapa de transición histórica global en la que se viven tres transiciones simultaneas: (1) una crisis terminal del capitalismo, (2) la configuración clasista de las sociedades (3) y el fin del predomino del reino de la necesidad. Carlos Aguirre Rojas, *Movimientos antisitémicos: Pensar lo antisistémico en los inicios del siglo XXI*. (Rosario, Argentina, Prehistoria Ediciones, 2010).

23. Al respecto, Wallerstein menciona que un periodo de transición sistémica o histórica global posee dos características. La primera es que aquellos que se encuentran en el poder ya no intentarán preservar

el sistema existente, sino que buscarán asegurarse que la transición lleve a la construcción de un nuevo sistema que replique las peores características del existente. La segunda característica fundamental es que un período de transición sistémica se caracteriza por una profunda incertidumbre y por la imposibilidad de conocer los resultados que deparará. La historia no está inevitablemente de nuestro lado. Cada uno de nosotros puede incidir en el futuro, pero no sabemos y no podemos saber de qué modo los otros habrán de afectar de hecho ese mismo futuro. Immanuel Wallerstein, *¿Qué significa hoy ser un movimiento anti-sistémico?* (Observatorio Social de América Latina, 2003).

24. Victor Toledo, & Benjamin OrtizEspejel, *México: Regiones que caminan hacia la sustentabilidad: Una geopolítica de las resistencias bioculturales.* (Puebla, Universidad Iberoamericana, 2014).

25. Eckart Boege & Tzinnia Carranza, *Agricultura sostenible campesino-indígena: Soberanía alimentaria y equidad de género: Seis experiencias de organizaciones indígenas y campesinas.* (México, Pan para el Mundo, 2010).

26. Omar Giraldo, *Utopías en la era de la supervivencia: Una interpretación del Buen Vivir* (Chapingo, Estado de México, Universidad Autónoma Chapingo, Departamento de Sociología Rural, Itaca, 2014).

Sembrar en tierras fértiles: La ecología profunda en Colombia

1. Desde 2012 está en marcha en La Habana un proceso de paz con la guerrilla de las FARC y hay una verdadera esperanza de que esta vez se llegue a un acuerdo. Pero el camino hacia la justicia y la reconciliación va a ser largo, ya que el país ha vivido horrores indescriptibles. La violencia de todos los actores armados (paramilitares y guerrilla) continúa, así como los desplazamientos forzados y la destrucción de la naturaleza, debido principalmente a la realización de numerosos megaproyectos.

2. Brigadas Internacionales de Paz, proyecto Colombia, www.pbi-colombia.org

3. Terr'Eveille, asociación belga dedicada a sembrar el Trabajo que Reconecta, www.terreveille.be/colombia

4. Felipe es el iniciador de Origen Circular, un movimiento que pretende contribuir a construir una cultura de paz integral en Colombia, dirigiéndose en primer lugar a los jóvenes afectados por la guerra. Durante un viaje a California, Felipe descubrió la poderosa e innovadora metodología del TQR, y la idea le vino de que podría ser

ideal no sólo para la reconciliación entre colombianos, sino también para reconciliarse con la tierra.

5. La Minga, Centro de Ampliación de Conciencia, www.laminga.co

6. La espiral del Trabajo que Reconecta se desarrolla en cuatro etapas sucesivas y interdependientes: proceder de la gratitud, honrar nuestro dolor por el mundo, observar con ojos nuevos, y seguir adelante. www.terreveille.be/la-espiral-del-trabajo-que-reconecta

7. En la presentación de Origen Circular en 2013, el equipo había resumido así su misión: Un campamento de Paz en Colombia. Un método vivo de regeneración de confianza para niños y jóvenes quienes han sufrido la guerra. Herederos de 183 años de violencia continua, desplazamiento y destrucción de familias y comunidades. Un punto clave de acupuntura social a escala global para sanar la enfermedad de la guerra.

8. En agosto del 2015 dos nuevos talleres han sido ofrecidos en Colombia; uno de los dos estaba especialmente dedicado a lideres afrocolombianos, indígenas y campesinos de comunidades en resistencia (taller dado en la fundación Viracocha en San Agustín, Huila). Las memorias de ésta hermosa experiencia están en vía de creación.

Interdependencia, atención plena y el Trabajo que Reconecta: El trabajo de Aliados con estudiantes universitarios

1. Término introducido por Anne Bishop, *Becoming an Ally: Breaking the cycle of oppression* (Halifax, NS: Fernwood Publishing, 1994).

2. F. Landini, S. Murtagh, & M. Lacanna, *Aportes y reflexiones desde la psicología al trabajo de extensión con pequeños productores* (Buenos Aires: Ediciones INTA, 2009).

3. Andrea Avila Sakar, *Experiencing Allyhood: The complicated and conflicted journey of a spiritual-mestiza-Ally to the land of colonization/decolonization* (Unpublished Dissertation. University of Victoria, Canada, 2012).

4. Russel Bishop, "Changing power relations in education: Kaupapa Maori messages for 'mainstream' education in Aotearoa/New Zealand," *Comparative Education* 39, no. 2, (2003), 221-238.

5. E.M. Broido & R.D. Reason, "The development of social justice attitudes and actions: An overview of current understandings," *New Directions for Student Services,* 110, (2005), 17–28.

6. R.D. Reason, E.A. Millar & T.C. Scales, "Toward a model of racial justice ally development," *Journal of College Student Development*, 46, no. 5, (2005), 530-546.

7. Andrea Avila Sakar, *ibid*.

8. Talleres para activistas sociales de Joanna Macy cuyos ejercicios y metodología se
publicaron en Joanna Macy & Molly Brown, *Coming back to life: The updated guide to the work that reconnects* (Gabriola Island, BC. New Society Publishers, 2014).

9. Diane J. Goodman, "Motivating people from privileged groups to support social justice," *Teachers College Record*, 102, (2000), 1061-1085.

10. Alison Brophey, *Education and experience in the preparation of non-indigenous. researchers working in indigenous contexts* (MA Thesis: University of Victoria, Canada, 2011).

11. Susan Lang, *Being Allies: Exploring indigeneity and difference in decolonized anti- oppressive spaces* (Unpublished MA thesis: University of Victoria, Canada, 2010).

12. Dalai Lama (n.d). *Philosophical questions on reality and interdependence.* http://hhdl.dharmakara.net/hhdlquotes4.html#interdependence (accesado: Julio, 2015)

13. Bhante Gunaratana, *Mindfulness in plain English* (Somerville, MS: Wisdom Publications, 1991).

14. Prácticas descritas en: Joanna Macy & Molly Brown, *ibid*.

Del ego-machismo hacia la eco-masculinidad

1. Riane Eisler, *El caliz y la espada: La mujer como fuerza de la historia* (México: Pax, 1997), 91.

2. Erich Fromm, *¿Tener o Ser? http://www.mercaba.org/Libros/Fromm/tener_y_ser. htm* (accesado julio, 2015).

3. *Libro del Génesis 1*, 26-28 (Biblia de Jerusalén)

4. Fernando Cesarman, *Ecocidio: estudio psicoanalítico de la destrucción del medio ambiente* (México: Joaquin Mortiz, 1972), 36.

5. Erich Fromm, *ibid*.

6. Fritjof Capra, *Las conexiones ocultas: Implicaciones sociales, medioambientales, económicas y biológicas de una nueva visión del mundo* (Madrid: Anagrama, 2003), 333.

7. Leonardo Boff & Rose M. Muraro, *Femenino y masculino: Una nueva conciencia para el encuentro de las diferencias.* (Madrid: Trotta, 2004), 45.

8. Erich Fromm, *ibid*.

9. Leonardo Boff & Rose M. Muraro, *ibid*.

10. Peter L. Berger & Thomas Luckmann, *La construcción social de la realidad.* (Buenos Aires: Amorrortu, 1968).
11. Gerard Duveen & Barbara Lloyd, "Las representaciones sociales como una perspectiva de la psicología social," José A. Castorina (Ed), *Las representaciones sociales: Problemas teóricos y desafíos educativos* (Barcelona; Gedisa, 2003), 43.
12. David D. Gilmore, *Hacerse hombre: Concepciones culturales de la masculinidad* (Barcelona: Paidos, 1994), 217.
13. David D. Gilmore, *ibid*, 54.
14. Erich Fromm, *ibid.*
15. Charlene Spretnak, *Estados de gracia: Cómo recuperar el sentido para una posmodernidad ecológica* (Buenos Aires: Planeta, 1992), 25.
16. Valerio Ortolani, *Personalidad ecológica* (México: Universidad Iberoamericana, 2000), 68.
17. Fritjof Capra, *ibid*, 334.
18. Leonardo Boff & Rose M. Muraro, *ibid.*

Mujeres en círculo: Reconectando y sanando el cuerpo/ser femenino

1. En la cual los procesos y manifestaciones del cuerpo femenino son homogenizados y estigmatizados; procesos naturales y vitales como la menstruación, el embarazo, el parto, la menopausia y la vejez son intervenidos médica y farmacológicamente y son vividos en malestar por las mujeres.
2. En ciudades como Guanajuato, León, Morelia, Monterrey, Monclova, Tepoztlán, San Miguel de Allende, Tequisquiapan, San Luis Potosí, Ciudad de México, Mazatlán, Culiacán, Colima, Aguascalientes, Mérida, Chiapas, Cancún, Playa del Carmen, Sayulita y San Francisco, Nayarit, se realizan círculos de mujeres. (Fuente: Convocatorias por Facebook, 2013-2014)
3. En ciudades de Argentina, Chile, Brasil, Bolivia, Ecuador Colombia, Perú, Uruguay, Guatemala, España, Alemania, Italia, Suiza, Portugal, Francia, Canadá, Estados Unidos, Israel, Bulgaria y Australia, se celebran círculos y rituales femeninos. (Fuente: Convocatorias por Facebook y correo electrónico personal, 2013-2014).
4. Proyecto anglosajón para procurar "carpas rojas en cada vecindario" como una red global internacional. Estados Unidos, Canadá, Argentina, Bolivia, Brasil, Colombia, Chile, Ecuador, Guatemala, Uruguay, Argentina, Israel, España, Italia, Inglaterra, Austria, Francia,

Portugal, Holanda, Bélgica, Alemania, Sudáfrica, Camboya, India, Australia y México son algunos de los países en donde se están creando carpas rojas. El proyecto "provee un espacio que honra y celebra a las mujeres y promueve la hermandad femenina. Estos espacios facilitan un lugar en el cual las mujeres pueden conectar con su cuerpo y con su ciclicidad, además de transmitir conocimientos sobre sexualidad, reproducción y cuidado del cuerpo". www.carpasrojaslatinoamerica.com/p/que-es-una-carpa-roja.html (accesado mayo, 2014)

5. *Affidamento*: Palabra de origen italiano que en la doctrina y práctica feminista europea se utiliza con el valor semántico de confianza, apoyo, compromiso, solidaridad, comprensión y, particularmente, en el sentido de dejarse ayudar, dejarse orientar, dejarse aconsejar. El concepto como tal se debe a la escuela de Milán que tiene una producción teórica-conceptual.

6. Shinoda Bolen, *El Millonésimo círculo: Cómo transformarnos a nosotras mismas y al mundo* (Barcelona: Kairós, 2006).

7. Fase menstrual, fase preovulatoria, fase ovulatoria y fase premenstrual.

8. Alexandra Scranton, *Chem Fatale: Los efectos potenciales para la salud de los productos químicos tóxicos en los productos para el cuidado femenino.* (www.womensvoices.org/wp-content/uploads/2013/11/Chem-Fatale-Report_Spanish.pdf) (accesado junio, 2015).

La educación superior y el Gran Giro: Una experiencia dentro de la Universidad Veracruzana

1. Thomas Moore, *El cuidado del alma: Guía para el cultivo de lo profundo y lo sagrado en la vida cotidiana* (Barcelona: Urano, 2009).

2. Daniel Chabot & Michael Chabot, *Emotional pedagogy: To feel in order to learn: Incorporating emotional intelligence in you teaching strategies* (Canada: Trafford, 2004).

3. Annette Bolte, Thomas Goschke, & Julius Kuhl, "Emotion and intuition: effects of positive and negative mood on implicit judgments of semantic coherence," *Psychological Science*, 14, (2003), 416–421.

4. Barbara L. Fredrickson & Christine Branigan, "Positive emotions broaden the scope of attention and thought-action repertoires," *Cognition & Emotion*, 19, (2005), 313–332.

5. G. Rowe, B. Hirsh, K. Anderson & E. Smith, "Positive affect increases the breadth of attentional selection," *Proceedings of the National Academy of*

Sciences of the United States of America, 104, (2007), 383–388.

6. Alice M. Isen, Andrew S. Rosenzweig & Mark J. Young, "The influence of positive affect on clinical problem solving," *Medical Decision Making*, 11, (1991): 221–227.

7. Carlos A. Estrada, Alice M. Isen, & Mark J. Young, "Positive affect improves creative problem solving and influences reported source of practice satisfaction in physicians," *Motivation and Emotion*, 18, (1994), 285–99.

8. Julius Kuhl, "A functional-design approach to motivation and self-regulation: the dynamics of personality systems interactions," M. Boekaerts, P.R. Pintrich & M. Zeidner (Eds), *Handbook of self-regulation* (San Diego, CA: Academic Press, 2000), 111-169.

9. Martin EP. Seligman & Mihaly Csikszentmihalyi, Positive psychology: An introduction. *American Psychologist*, 55, no. 1, (2000), 5-14.

10. Lourdes Ruiz-Lugo, "Formación integral: Desarrollo intelectual, emocional, social y ético de los estudiantes," *Revista Universidad de Sonora*, 19, (2007), 11-13.

11. Ricadro Arguís-Rey, Ana Pilar Bolsas-Valero, Silvia Hernández-Paniello & María del Mar Salvador-Monge, "Programa aulas felices: Psicología positiva aplicada a la educación." *Equipo SATI,* (2010).

12. Pilar Verdejo, *Modelo para la Educación y Evaluación por Competencias (MECO)*. http://www.6x4uealc.org/site2008/p01/11.pdf (accesado noviembre, 2010).

13. Enrique Hernández-Guerson. *Hacia una universidad Veracruzana saludable*. http://www.google.com.mx/url?sa=t&rct=j&q=&esrc=s&source=we b&cd=1&ved=0CCgQFjAA&url=http%3A%2F%2Fwww.uv.mx%2F forouniversitario%2Fponencias%2FXalapa%2Fdocuments%2FHacia_una_ Universidad_Veracruzana_Saludable_EnriqueHdez.doc&ei=Fug6U-aWJtX NsQSbpYHADg&usg=AFQjCNGYq3dWOBQmoNwYirvcrXBf-tAf8Q&si g2=Vs7xpML4iYh0S3O1WO4ElQ (accesado marzo, 2014).

14. Martin EP. Seligman, Randal M. Ernst, Jane Gillham, Karen Reivich & Mark Linkins, "Positive education: positive psychology and classroom interventions," *Oxford Review of Education*, 35, no. 3, (2009), 293–311.

15. Adrian Villaseñor-Galarza, "Teachings from the deep south: North-south contributions to integral education." *Integral Review*, 7, no. 1, (2011), 86-94.

16. Tania Romo-Gonzalez, Claudia B. Enríquez-Hernández, Norma A. Riego-Azuara, Onfaly D. Sánchez-Gracida, Gloria López-Mora, Carlos A. Gantiva & Carlos Larralde, "Body and health, mind and

wellness I: Effects of a psycho-educative intervention for healthy human development in students of nursing," *Research in Psychology and Behavioral Sciences*, 1, no. 2, (2013), 16-30.

17. Mantak Chia & Juan Li, *La estructura interna del tai chi* (España: Sirio, 2001).

18. Linda Hartley, *Wisdom of the body moving: An introduction to body-mind centering* (Berkeley, California: North Atlantic Books, 1995).

19. Joanna R. Macy & Molly Young Brown, *Coming Back to Life: Practices to Reconnect Our Lives, Our World* (Gabriola Insland, B.C.: New Society Publishers, 1998).

20. Alexander Lowen, *Bioenergética* (España: Diana, 1975).

21. Victor Frankl, *Ante el vacío existencial* (España: Herder, 1990).

22. Martin EP. Seligman, Tracy A. Steen, Nansook Park & Christopher Peterson, "Positive Psychology progress: empirical validation of interventions," *American Psychologist*, 60, (2005), 410–421.

23. Michael White & David Epston, *Medios narrativos para fines terapéuticos.* (España: Paidós, 1993).

24. Kelly Avants & Arthur Margolin, "Development of spiritual self scheme (3-S) therapy for the treatment of addictive and HIV risk behavior: A convergence of cognitive and Buddhist psychology." *Journal of Psychotherapy Integration*, 14, no. 3, (2004), 253-289.

25. Émile Durkheim, *Suicide* (New York: Free Press, 1951).

26. Erik H. Erikson, *Childhood and society* (New York: Norton,1963).

27. Abraham Maslow, "A preface to motivation theory." *Psychosomatic Medicine*, 5, 1943), 85-92.

28. George De Leon, *La comunidad terapéutica y las adicciones: Teoría, modelo y método* (España: Desclée de Brouwer, 2004).

29. Rafael Velasco, *Las Adicciones: Manual para maestros y padres* (México: Trillas, 2006).

30. Tania Romo-González, Claudia B. Enríquez-Hernández, Norma A. Riego-Azuara, Onfaly D. Sánchez-Gracida, Gloria López-Mora, Carlos Gantiva, Marcela Esquivel-Velázquez & Carlos Larralde, "Body and health, mind and wellness II: The mechanisms behind the effects of a psycho-educative intervention," *Research in Psychology and Behavioral Sciences*, 1, no. 5, (2013b), 67-76.

31. Acharya Buddharakkhita, *The Dhammapada: The Buddha's path of wisdom.* (Sri Lanka: Buddhist Publication Society, 1996).

32. Hassett, A.L. & Gevirtz, R.N, "Nonpharmacologic treatment for fibromyalgia: Patient education, cognitive-behavioral therapy,

relaxation techniques, and complementary and alternative medicine," *Rheumatic Disease Clinics of North America*, 35, no. 2, (2009), 393-407.

33. Tania Romo-González, Yamilet Ehrenzweig, Onfaly D. Sánchez-Gracida, Claudia B. Enríquez-Hernández, Gloria López-Mora, Armando J. Martínez, Carlos Larralde, "Promotion of individual happiness and wellbeing of students by a positive education intervention." *Journal of Behavior, Health & Social Issues*, 5, no. 2, (2013c), 79-102.

Ciencia, sabiduría y sanación

1. International Panel on Climate Change, *Concluding instalment of the Fifth Assessment Report: Climate change threatens irreversible and dangerous impacts, but options exist to limit its effects.* http://www.ipcc.ch/pdf/ar5/prpc_syr/11022014_syr_copenhagen.pdf (accesado junio, 2015).

2. Global Footprint Network, *Our Current Global Situation*. http://www.footprintnetwork.org/en/index.php/GFN/page/footprint_basics_overview/ (accesado junio, 2015).

3. Hansen James, *350 parts per million of carbon dioxide*. http://350.org/about/science/ (accesado junio, 2015).

4. Center for Biological Diversity, *The extinction crisis*. http://www.biologicaldiversity.org/programs/biodiversity/elements_of_biodiversity/extinction_crisis/ (accesado junio, 2015).

5. BioTour Productions, *Hopi Prophecy on the BioTour*. http://realitysandwich.com/24746/hopi_prophesy_along_biotour/#/comments (accesado junio, 2015).

6. Wikipedia, *Seven generation sustainability*. http://en.wikipedia.org/wiki/Seven_generation_sustainability (accesado junio, 2015).

7. Proceso, *En 500 años México ha sido incapaz de pagar su deuda con los pueblos indígenas: Narro.* http://www.proceso.com.mx/?p=398138 (accesado junio, 2015).

8. Richard Oppenlander DDS, *Freshwater abuse and loss: Where is it all going?* http://www.forksoverknives.com/freshwater-abuse-and-loss-where-is-it-all-going/ (accesado junio, 2015).

9. John S. Hageline, *et al, Effects of group practice of the Transcendental Meditation Program on preventing violent crime in Washington, DC: Results of the national demonstration project, June-July 1993.* http://istpp.org/crime_prevention/ (accesado junio, 2015).

El combustible lo tenemos adentro:
La energía sexual y el Gran Giro

1. Julia Butterfly Hill en: Todd Maclean (Ed), *Global chorus: 365 voices on the future of the planet* (Victoria, BC: Rocky Mountain Books, 2014), 345.

2. Joanna Macy, *Aims of the Work that Reconnects*. (n.d.) http://workthatreconnects.org/foundations-of-the-work (accesado Marzo, 2015).

3. Antonio Machado, "Campos de Castilla, Proverbios y Cantares XXIX," *Border of a dream: Selected poems of Antonio Machado* (Port Townsend, WA: Copper Canyon Press, 2004), 281.

4. Mike Nickerson, *Life, money and illusion: Living on earth as if we want to stay.* (Gabriola Island, B.C.: New Society Publishers, 2009), 46.

5. Jack Lee Rosenberg & Beverly Kitaen-Morse, *The intimate couple: Reaching new levels of sexual excitement through body awakening and relationship renewal.* (Atlanta, GA: Turner Publishing, 1996), 15.

6. Idries Shah, "There is more light here," *The exploits of the incomparable Mulla Nasrudin* (London: Octagon Press, 1983), 9.

7. Rosenberg and Kitaen-Morse, *ibid.*, 15.

8. Gina Ogden, *The Heart and soul of sex: Making the ISIS connection* (Durban: Trumpeter, 2006).

9. Joanna Macy, *World as lover, world as self: Courage for global justice and ecological renewal* (Berkeley, CA: Parallax Press, 2007), 27.

10. Annie Sprinkle, *Seven Types of Female Orgasm – or – Annie Sprinkle's Models of Orgasm*. http://anniesprinkle.org/seven-types-of-female-orgasm (accesado marzo, 2015).

11. Joanna Macy & Molly Brown, *Coming Back to Life: The updated guide to the work that reconnects* (Gabriola Island, B.C.: New Society Publishers, 2014), 10.

12. Scott Edelstein, *Sex and the spiritual teacher: Why it happens, when it's a problem, and what we all can do* (Somerville, MA: Wisdom Publications, 2011).

13. Macy & Brown, *ibid*, 74.

De la energía ecopsíquica y el Gran Giro

1. Joana Macy & Chris Johnstone, *Active hope: How to face the mess we're in without going crazy* (Novato, CA: New World Library, 2012), 1.

2. Linda Buzzel & Craig Chalquist, *Ecotherapy: Healing with nature in mind* (San Francisco, CA: Sierra Club Books, 2009), 21.

3. El ecónomo E.F. Schumacher, autor del conocido libro *Lo pequeño es hermoso*, es considerado como el fundador el movimiento de tecnología

intermedia o apropiada, aunque éste encuentra predecesores ilustres como Mahatma Gandhi. Algunos ejemplos de tecnología intermedia son la bicicleta, bombas de agua manuales, diseños varios de arquitectura pasiva, bici-maquinas con un gran número de aplicaciones, entre otros.

4. Thomas Berry, *The dream of the earth* (San Francisco, CA: Sierra Club Books, 1990), 32.

5. La "energía ecopsíquica" es un neologismo acuñado en la investigación doctoral del autor, principalmente influenciado por la visión profunda de Carl Jung, la óptica integral y evolutiva de Pierre Teilhard de Chardin, la ecología sagrada y unitiva de Thomas Berry y el análisis de la trayectoria histórico-geológica de la Tierra y sus habitantes.

6. Joseph Campbell & Bill Moyers, *The power of myth* (New York: Anchor Books, 1991).

7. El ritual como actividad cuasi-terapéutica forma parte integral de la técnica grupal del Trabajo Que Reconecta; pieza fundamental en recobrar la inspiración para actuar en beneficio de la vida.

8. Pierre Teilhard de Chardin, *Teilhard's quotes*. http://teilharddechardin.org/index.php/teilhards-quotes (accesado febrero 2012).

Epílogo: Floreciendo juntos

1. Maria Monachesi, *Profecías Incas: Asombro y sabiduría en épocas de cambio* (Buenos Aires, Argentina: Kier, 2008), 122.

2. Adrián Villaseñor Galarza, "Teachings from the deep south: North-south contributions to integral education," *Integral Review* 7, no. 1, (2011), 86-94.

3. Manuel Aceves, *Alquímia y mito del mexicano* (México, México DF: Grijalbo, 2000).

4. Netzahualcóyotl, *No acabarán mis flores*. http://bibliotecadigital.ilce.edu.mx/sites/fondo2000/vol1/mesoamerica-i/html/4.html#21a (accesado julio, 2015).

5. Leonardo Boff, *La dignidad de la Tierra: Ecología, mundialización, espiritualidad* (Madrid, España: Trotta, 2000); *Ética planetaria desde el Gran Sur* (Madrid, España: Trotta, 2001) y *Ecología: grito de la Tierra, grito de los pobres* (Madrid, España: Trotta, 2006).